Patchwork Gemüse

Ruth B. McDowell

Projekt-Redaktion: Karyn Hoyt, Barbara Konzak Kuhn
Technische Redaktion: Karyn Hoyt
Lektorat: Lucy Grijalva
Gestaltung Inhalt und Umschlag: Aliza Shalit
Produktion: Tim Manibusan
Illustrationen: Kandy Petersen
Fotos: David Caras

Deutsche Ausgabe:
© 2005 Verlag Th. Schäfer im Vincentz Network, Hannover
„Patchwork Gemüse“
Übersetzung: Dorothea Oberberg, Berlin
Redaktion: Christa Weber, Bonn
Lektorat: Joachim F. Baumhauer
Gestaltung: Kerker + Baum, Hannover
Druck und Bindung: Stalling GmbH, Oldenburg
Printed in Germany

ISBN 3-87870-716-9
Best.-Nr. 9315

Verlag Th. Schäfer im Vincentz Network
Postfach 6247
30062 Hannover

Besuchen Sie uns im Internet
www.verlag-th-schaefer.de

Originally published by C&T Publishing, Inc.
P.O.Box 1456
Lafayette, CA 94549
www.ctpub.com

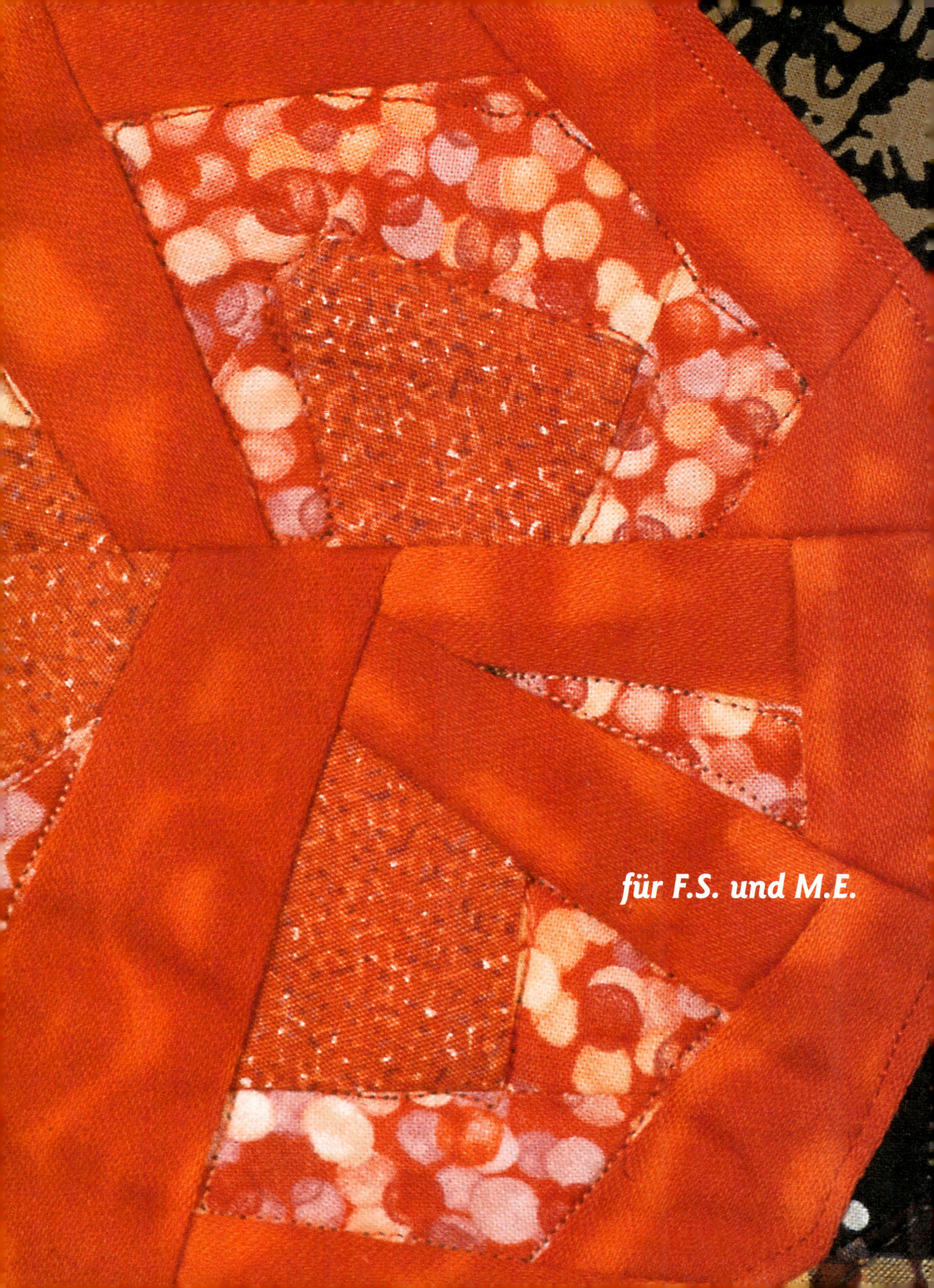

für F.S. und M.E.

Inhalt

17
118
72
51
42
95
121
58
85
56
77
82

75

100

45

117

80

87

61

91

97

36
111
21
123
34
65
70
67
26
116
102

Einleitung

Formen und Farben ganz gewöhnlicher Gemüse sind faszinierend. Sie lassen sich sehr gut mit Patchwork darstellen, wie an den Beispielen in diesem Buch zu sehen ist. Die Blöcke sind so entworfen, daß sie entweder als sich wiederholende Einheiten oder einzeln in einem Tischset oder kleinen Wandquilt verarbeitet werden können; einzelne Blockmuster lassen sich auch zu einem Muster-Quilt zusammenstellen, wie auf den Seiten 124 und 125 gezeigt.

Patchwork

Alle Blöcke in diesem Buch wurden nach mehreren Gesichtspunkten erarbeitet. Mir kam es auf die Darstellung der Gemüsesorten an, daß das Patchwork unkompliziert sein sollte, und wie es sich zu einem Gesamtmuster fügt, wenn der Block wiederholt wird.

Für Quilts gestalte ich den Bild-Vordergrund genauso sorgfältig wie den Hintergrund. Die Nähte, die den Hintergrund eines Blocks teilen, entstehen aus den Linien, die ich für das Patchwork des Gemüses benötige. So wird der Hintergrund ganz anders in die Konstruktion einbezogen als bei Applikationen.

Die technisch eingeschränkten Möglichkeiten beim Patchwork führen zu einer gewissen Vereinfachung der Darstellung. Das Gemüse anschaulich als Block darzustellen und mit einer begrenzten Anzahl von Stoffstücken und unterschiedlichen Nähten zu gestalten, ist für mich eine Herausforderung, die ich gern annehme.

Wenn Sie sich die Blöcke genauer anschauen, wird Ihnen auffallen, daß die Nähte, die den Umriß eines Gemüses bilden, nicht immer genau aufeinander treffen. Ich mache das mit Absicht (ich kann zeichnen!). Die Ungleichmäßigkeit solcher nicht genau aufeinander treffender Nähte macht die Formen wesentlich interessanter und lebendiger, als wenn ich der Quilt-Tradition folgen würde.

Gestaltungsvariationen

In diesem Buch arbeite ich mit drei verschiedenen Patchwork-Techniken. Einige Blöcke haben nur gerade Nähte. Das ist eine leichte Technik, besonders wenn Sie mit freezer paper/Fixierstickvlies arbeiten. Einige Blöcke mit geraden Nähten sind sehr einfach und brauchen nur ein paar Schablonen; andere sind komplizierter mit ihren vielen Schablonen. Optisch führen gerade Nähte zu recht abstrakten Gestaltungen mit großer Dynamik.

Kurvennähte sind zeitaufwendiger und erfordern sorgfältiges Einschneiden der Nahtzugaben, Einpassen und Stekken. Einige Blöcke mit Kurvennähten bestehen aus weniger Teilstücken als ein vergleichbarer Entwurf mit geraden Nähten, aber für jede elegante Kurvennaht braucht man mehr Zeit. Technische Gründe begrenzen zudem die Enge einer Kurve, wenn mit der Nähmaschine gearbeitet wird.

Eingesetzte Ecknähte kommen nur im Kürbisblock vor. Ihre Geradlinigkeit hat viel Schwung und verringert zudem die Zahl der Teilstücke pro Block. Sie sind kniffliger zu nähen als gerade Nähte, aber ich denke, mit etwas Übung werden Sie die Technik meistern und gern einsetzen.

Schwierigkeitsgrad

Blöcke mit geraden Nähten sind einfacher zu nähen als Blöcke mit Kurvennähten. Blöcke aus weniger Teilstücken sind leichter zu nähen als Blöcke aus vielen Teilstücken.

Große Blöcke (mit großen Teilstücken) sind einfacher zu nähen als kleine Blöcke.

Sie erleichtern sich die Näharbeit, wenn Sie den Block mehr (oder sogar viel mehr) als um den im Text angegebenen Faktor vergrößern.

Die Gemüse-Blöcke im Buch sind nicht nach Schwierigkeitsgrad sortiert.

Praktische Arbeit

Blockdiagramm

Jeder Block wird in einem kleinen Diagramm dargestellt, und jedes Teilstück ist mit einem Buchstaben zur Bezeichnung des Abschnitts versehen sowie mit einer Zahl für die Nähreihenfolge. Unter jedem Diagramm ist die kleinste Vergrößerung in Prozent angegeben, die für einen technisch machbaren Block nötig ist.

Selbstverständlich können Sie das Blockmuster stärker vergrößern als angegeben. Größer ist immer einfacher. Aus sehr großen Blöcken können ausdrucksstarke Quilts entstehen.

Ihre erste Arbeit wird sein, das Blockdiagramm (nicht das Nähschema) mit einem Kopierer auf das empfohlene Mindestmaß zu vergrößern.

Vergrößern

Viele Kopierer vergrößern maximal auf 200 %, manche nur auf 140 %. Falls Ihr Kopierer die Vergrößerung nicht in einem Schritt schaffen kann, vergrößern Sie das Muster erst einmal so stark wie möglich. Dann vergrößern Sie wieder und wieder, bis die gewünschte Größe erreicht ist.

Arbeiten Sie mit einem Taschenrechner nach folgender Formel:
(Gewünschte Größe) ÷
(vorliegende Größe) x 100 =
Vergrößerung in Prozent

Wenn z. B. ein Block 35 cm/14 inch hoch sein soll und jetzt 12,5 cm/5 inch mißt:
35 cm/14 inch ÷ 12,5 cm/5 inch =
2,8 x 100 = 280 %

Vergrößern Sie den Block auf 280 %, um auf die gewünschte Höhe von 35 cm/14 inch zu kommen.

Wenn der Kopierer nur bis auf 200 % vergrößern kann, vergrößern Sie zuerst den 12,5-cm/5-inch-Block auf 200 %, um einen 25 cm/10 inch großen Block zu bekommen, und rechnen dann erneut.
35 cm/14 inch/25 cm/10 inch =
1,4 x 100 = 140 %

Dann vergrößern Sie den 25 cm/10 inch großen Block auf 140 % und erhalten so den gewünschten 35 cm/14 inch großen Block.

Das klingt alles schwieriger als es ist. Benutzen Sie einen Taschenrechner.

Für die Berechnung brauchen Sie die Maßangaben in Dezimalzahlen. Wenn Sie auf Ihrem Lineal Markierungen in $^1/_{16}$ inch Abstand haben, können Sie die nachfolgende Tabelle benutzen, um die Brüche der inch-Angaben in Dezimalzahlen zu verwandeln:

$^1/_{16}$ ► 0,0625	$^9/_{16}$ ► 0,5625
$^1/_8$ ► 0,125	$^5/_8$ ► 0,625
$^3/_{16}$ ► 0,1875	$^{11}/_{16}$ ► 0,6875
$^1/_4$ ► 0,25	$^3/_4$ ► 0,75
$^5/_{16}$ ► 0,3125	$^{13}/_{16}$ ► 0,8125
$^3/_8$ ► 0,375	$^7/_8$ ► 0,875
$^7/_{16}$ ► 0,4375	$^{15}/_{16}$ ► 0,9375
$^1/_2$ ► 0,5	

Das heißt, $3^7/_8$ inch werden als 3,875 in den Rechner eingegeben. Runden Sie die Zahl erst nach der Berechnung ab.

Nähschema

Zu jedem Blockdiagramm gehört ein entsprechendes Nähschema. Diese Zeichnung enthält die Angaben, wie der Block in einzelnen Abschnitten am einfachsten zusammengenäht wird. Jedes Teilstück ist mit demselben Buchstaben und derselben Zahl wie im Blockdiagramm bezeichnet.

Nähanleitungen

Neben dem Nähschema stehen Tabellen, die die Nähreihenfolge bezeichnen. Die Blöcke wurden so entworfen, daß sie wirklich zu nähen sind. Folgen Sie den Anleitungen sorgfältig, das erleichtert das Zusammennähen. Man kann jeden Schritt abhaken, sobald er genäht ist.

Beim Erarbeiten eigener Blockmuster können Sie sich nach folgender Faustregel richten:

Planen Sie keine Naht, die Sie nicht in einem Rutsch von Anfang bis Ende nähen können. Die einzige Ausnahme ist die Puzzle-Naht. Schauen Sie sich dazu den Quilt „Grüne Bohnen“ auf Seite 25 an.

Pfeile

In jedem Nähschema sind auch kleine Pfeile eingezeichnet. Diese geben die Richtung an, in die die Nahtzugaben geplättet werden müssen, um die Quiltoberfläche zu modellieren und das Motiv hervorzuheben.

Die Richtung, in die eine Nahtzugabe geplättet wird, hat großen Einfluß auf das Aussehen des fertigen Blocks.

Anstatt die Nahtzugaben zum dunkleren Stoff oder zur weniger dicken Seite hin zu plätten, wie es beim traditionellen Patchwork üblich ist, rate ich dazu, lieber jede Nahtzugabe zum Ausfüllen der Gemüseform zu nutzen. Wenn Sie jede Nahtzugabe zum Gemüseteil hin, also vom Hintergrund weg plätten, tritt das Bild hervor, und der Hintergrund bleibt flach.

Sie können diesen modellierenden Effekt verstärken, indem Sie den Hintergrund dichter quilten als das Gemüse.

Schablonen

Alle Blöcke in diesem Buch werden nach Schablonen genäht. Es gibt unterschiedliche Methoden, Schablonen anzufertigen. Welche Sie anwenden, hängt davon ab, wie oft ein Block wiederholt wird.

Es lohnt sich wirklich, den Umgang mit Schablonen auf die altmodische Art zu erlernen. So lassen sich wiederholte Blöcke viel schneller nähen als auf einer Unterlage (*foundation piecing*), und mit etwas Übung ist es ebenso akkurat. Es gibt viele Muster, die ganz einfach mit Schablonen zu nähen sind, sich aber überhaupt nicht für Foundation Piecing eignen; dazu gehören alle Blöcke mit Kurvennähten. Außerdem kann man beim Schablonen-Patchwork die Richtung beeinflussen, in die Nahtzugaben geplättet werden, was einen gewaltigen Unterschied im Aussehen der Blöcke bewirkt.

Schablonen für einen einzelnen Block

Linien auf *freezer paper*/ Fixierstickvlies übertragen

Übertragen Sie das vergrößerte Blockdiagramm (nicht das Nähschema) mit einem feinen Permanentmarker auf die glänzende Seite des *freezer paper*/Fixierstickvlies.

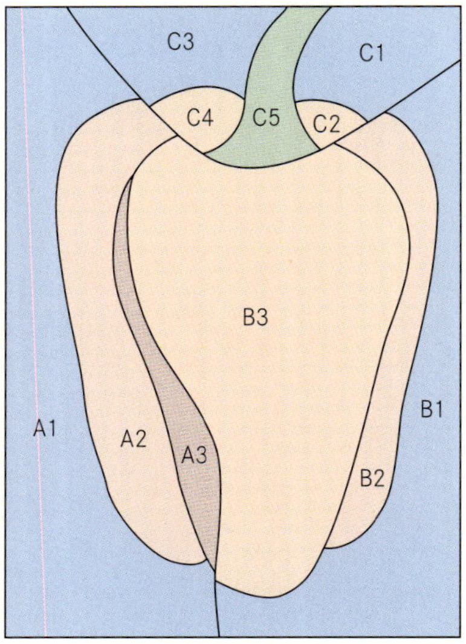

Rote-Paprika-Blockdiagramm

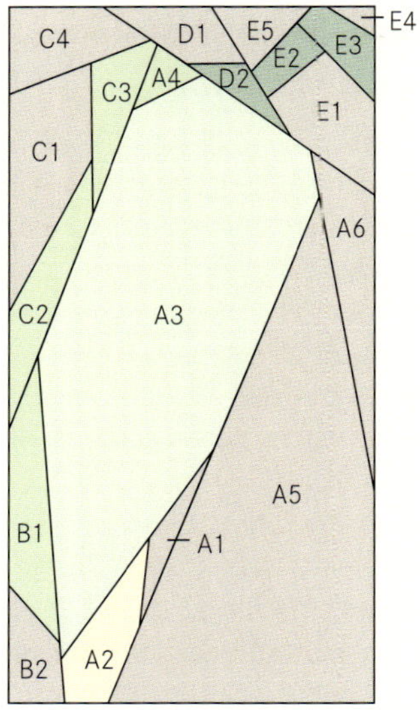

Gelbe-Paprika-Blockdiagramm

Vergrößern Sie das Blockdiagramm auf die gewünschte Größe.

glänzende Seite
***freezer paper*/Fixierstickvlies**

matte Seite
***freezer paper*/Fixierstickvlies**

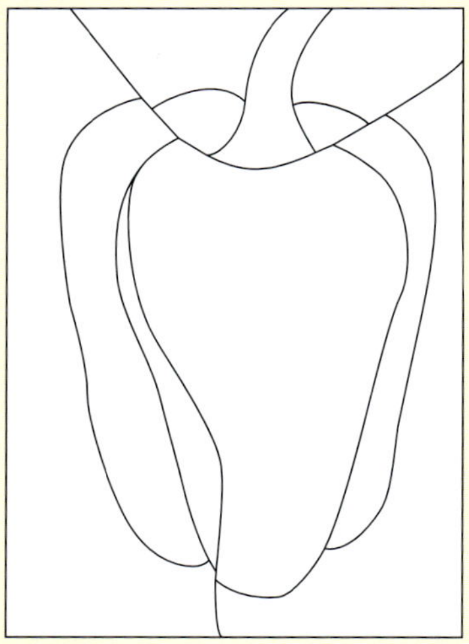

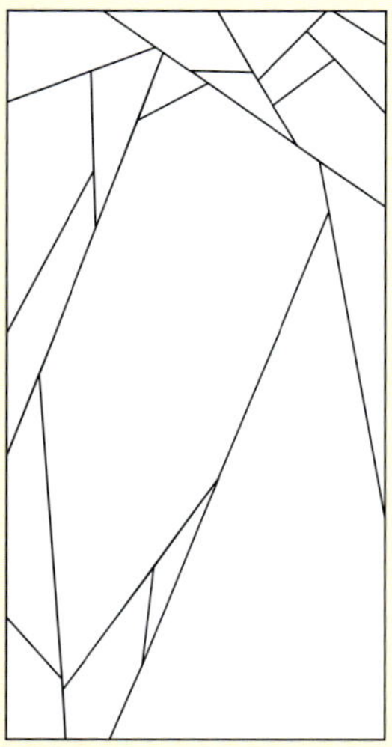

Den vergrößerten Block auf die glänzende Seite vom Fixierstickvlies übertragen.

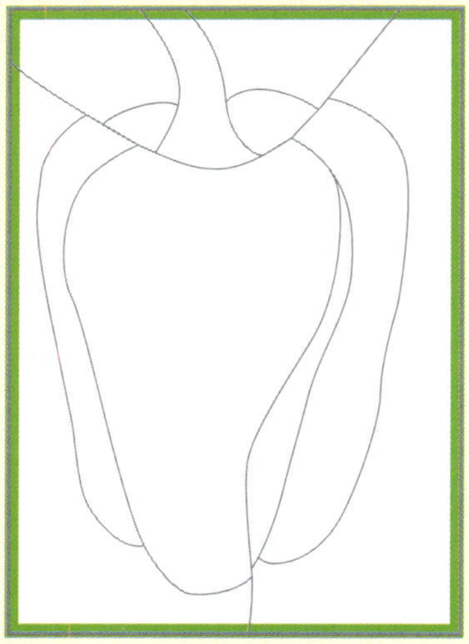

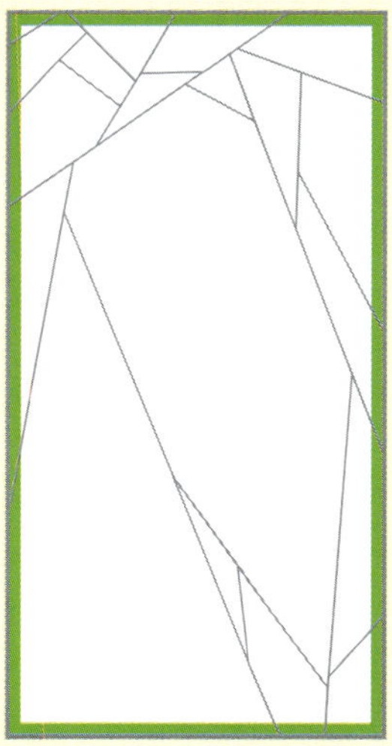

Die Außenkante des Blocks mit Leuchtstift markieren.

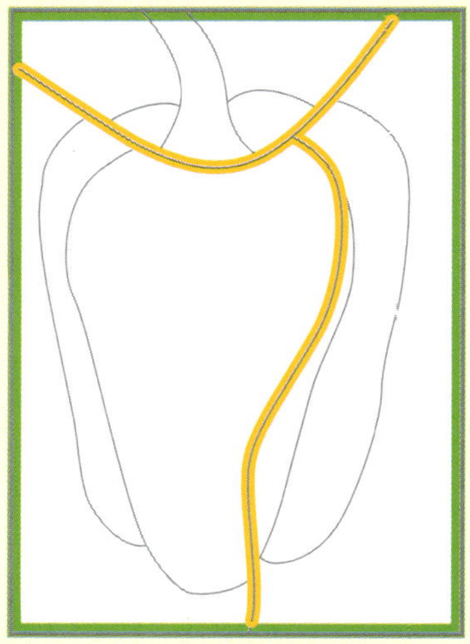

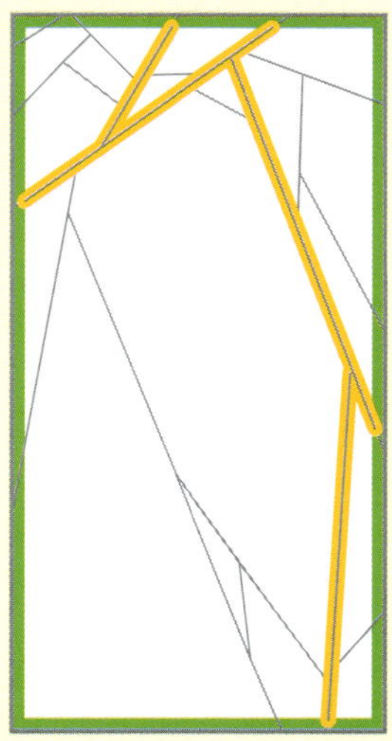

Außenlinien der Teilabschnitte mit Leuchtstift markieren.

Beschriften

Legen Sie das *freezer paper*/Fixierstickvlies mit der matten Seite nach oben, und markieren Sie freihändig mit einem Leuchtstift den inneren Rand der Block-Außenkante. Ist die Vorlage in einzelne Teile zerschnitten, sind an dieser farbigen Linie die Außenkanten des Blocks zu erkennen. Zur Erleichterung legen Sie diese farbige Kante fadengerade (ausgerichtet nach den Kett- oder Schußfäden), wenn Sie das *freezer paper*/Fixierstickvlies auf die Stoffrückseite bügeln.

Mit der matten Seite des *freezer paper*/Fixierstickvlies nach oben richten Sie sich nach dem Nähschema, und finden die Nähte, die den Block in Segmente aufteilen. Übertragen Sie diese mit einem andersfarbigen Leuchtstift auf die matte Seite. (Achtung: Die matte Seite zeigt das seitenverkehrte Bild des Nähschemas.)

Paßzeichen

Im Abstand von ca. 2,5 cm/1 inch zeichnen Sie kleine Striche über die Nahtlinien, an Nahtkreuzungen kleine Kreuze, alles auf der matten Seite des Papiers. (Setzen Sie die Paßzeichen nicht enger als 2,5 cm/1 inch, sonst kann es passieren, daß Sie die falschen Markierungen aufeinander legen.)

Bezeichnen Sie die Teile wie im Nähschema. Wenn Sie auf die matte Seite des Papiers schauen, sehen Sie den Block seitenverkehrt zum Nähschema.

Beschriften Sie jedes Segment auf Ihrem Papier und schauen dabei auf das gleiche Segment im Nähschema, nicht auf den gesamten Block. Wenn es Sie stört, daß die Papierabbildung seitenverkehrt ist, machen Sie sich eine seitenverkehrte Kopie.

matte Seite
***freezer paper*/Fixierstickvlies**

Nähschema

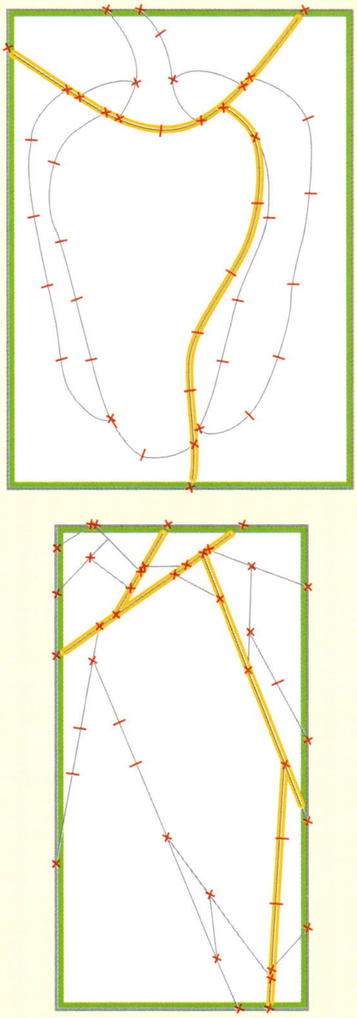

Paßzeichen auf den Nahtlinien, Kreuze auf den Nahtkreuzungen markieren.

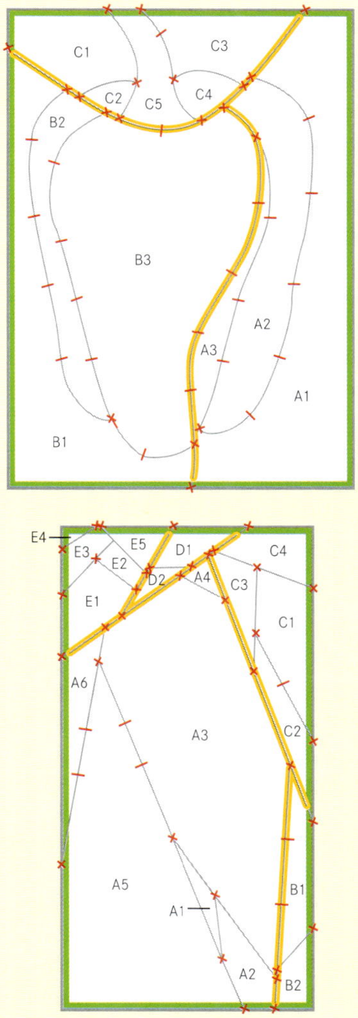

Segmente nach dem Nähschema (seitenverkehrt) beschriften.

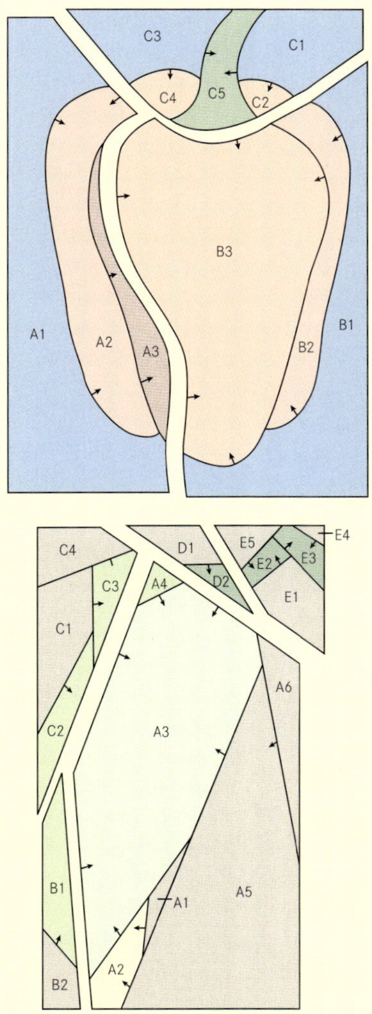

Segmente nach dem Nähschema beschriften.

Von der glänzenden Seite vom *freezer paper*/Fixierstickvlies aus zerschneiden Sie den Block an den Nahtlinien. Bügeln Sie jedes Papierteil mit der glänzenden Seite nach unten auf die linke Seite Ihres gewählten Stoffs. Lassen Sie zwischen den Papierteilen mindestens einen Abstand von zwei Nahtzugaben (1,5 cm/½ inch) stehen. Jedes Papierteil hat das Fertigmaß dieses Segments. Die Nahtzugaben kommen noch dazu. Stellen Sie das Bügeleisen heiß genug ein, damit die Papierteile haften bleiben.

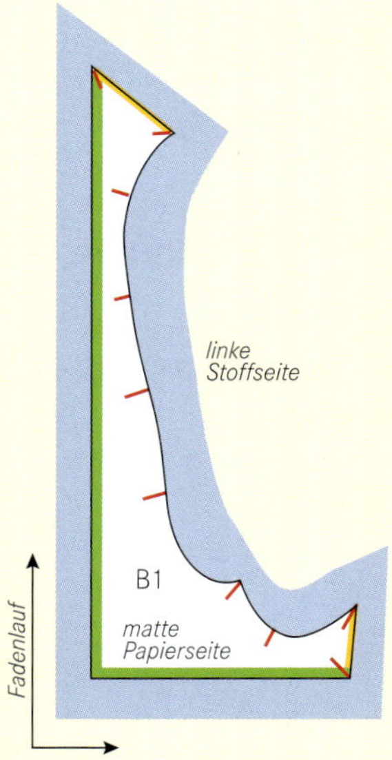

Den Papierblock auseinanderschneiden und mit der glänzenden Seite nach unten auf die linke Stoffseite bügeln. Legen Sie die Außenkanten-Segmente fadengerade auf den Stoff.

Haben Sie eine neue Idee?

Das Schöne am Arbeiten mit *freezer paper*/Fixierstickvlies ist, daß der Block schon sichtbar ist, bevor Sie ihn zusammengenäht haben. Legen oder stecken Sie die Stoffteile (mit dem Papier auf der Rückseite) auf das Original des vergrößerten Blockmusters. Die Nahtzugaben überschneiden sich zwar, aber Sie können jetzt Ihre Stoffwahl begutachten. Falls Ihnen ein Stoff mißfällt, ziehen Sie das Papier ab, wählen einen anderen und bügeln das Papier wieder auf, schneiden es aus und legen das neue Stück an die richtige Stelle.
Man kann *freezer paper*/Fixierstickvlies mehrmals aufbügeln.

Blöcke mit geraden Nähten

Nahtzugaben bei Blöcken mit geraden Nähten

Auf der Schneidematte legen Sie das durchsichtige Lineal so auf das Papier/Stoffteil auf, daß die 0,75-cm-/¼-inch-Markierung auf der Außenkante des Papiers liegt. Schneiden Sie mit dem Rollschneider am Lineal entlang (sehr pfiffig!). Das Papier nicht entfernen.

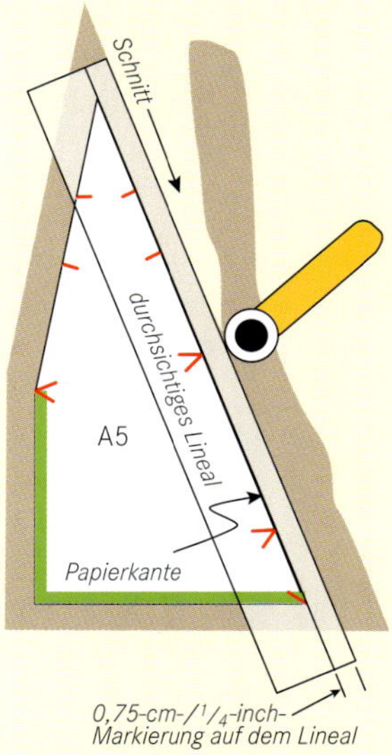

Die 0,75-cm-/¼-inch-Markierung des Lineals auf die Kante des Papiers legen. Mit dem Rollschneider schneiden.

Blöcke mit geraden Nähten nähen

Kanten und Paßzeichen genau übereinander legen. Entlang der Papierkante nähen. Sie können den ganzen Block mit dem Papier auf der Stoffrückseite nähen. Das Papier stabilisiert die Kanten im schrägen Fadenlauf. Auch sehr pfiffig!

Plätten

Plätten Sie jede Naht gleich nach dem Nähen in Richtung der Pfeile im Nähschema. Ich benutze ein Dampfbügeleisen.

Blöcke mit Kurvennähten

Nahtzugaben bei Blöcken mit Kurvennähten

Markieren Sie mit einem weichen Bleistift um jedes Papierteil herum die Nahtlinien auf der linken Stoffseite. Ich arbeite mit weichen Buntstiften in Farben, die auf dem jeweiligen Stoff am besten zu sehen sind.
Die Paßzeichen auf die Nahtzugaben übertragen.

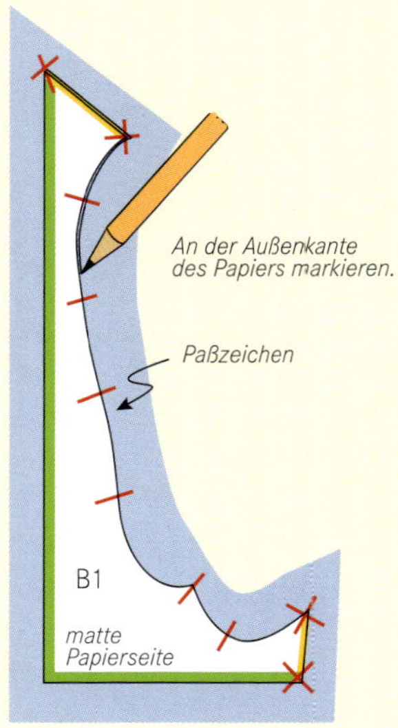

Nahtlinien an der Außenkante des Papiers markieren. Paßzeichen in die Nahtzugaben verlängern.

Jedes Stoffstück mit der Schere ausschneiden und dabei eine Nahtzugabe von 0,75 cm/¼ inch Breite um das ganze Papierteil stehen lassen. Schneiden Sie die 0,75 cm/¼ inch nach Augenmaß. Das Aneinanderpassen und Nähen passiert ja an den Bleistiftlinien, deshalb ist die Genauigkeit der Nahtzugabe nicht nötig. Geben Sie sich Mühe. Lassen Sie keine Nahtzugabe breiter als 0,75 cm/¼ inch stehen, das erschwert das Nähen unnötig. Lassen Sie keine Nahtzugabe schmaler als 0,75 cm/¼ inch stehen, sonst wird es schwierig, die Paßzeichen zu finden. Es gibt auch Rollschneider mit verstellbarem Führungsarm, aber ich arbeite am liebsten mit der Schere. Einige Schüler benutzen gerne den Rollschneider.

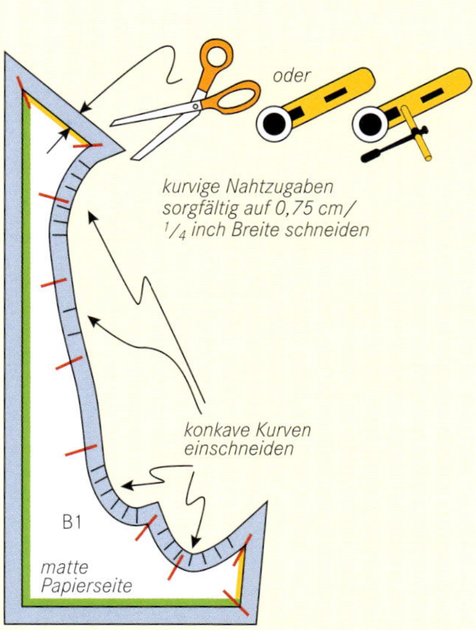

Eine 0,75 cm/ ¼ inch breite Nahtzugabe sorgfältig zur Papierkante anschneiden. Konkave Kanten einschneiden.

Kurven einschneiden

Nahtzugaben nur an konkaven Kanten einschneiden. Wie oft und wie nah an die Nahtlinie heran Sie einschneiden müssen, hängt von der Dehnbarkeit des Stoffes und vom Radius der Kurve ab. Bei einem Quilt-Top kann man viel mehr einschneiden als beim Nähen von Bekleidung, denn die Nahtspannung wird durch Rückseite und Vlies auf die gesamte Quiltfläche verteilt und bleibt nicht nur in einer einzelnen Naht. Sie brauchen keine Sicherungsstiche. Wenn man einschneidet, bevor man das Papier entfernt, kann man gar nicht zu tief einschneiden.

Blöcke mit Kurvennähten

Zur besseren Handhabung beim Kurvennähen entfernen Sie das Papier von den Stoffteilen kurz vor dem Nähen. Stecken Sie jede Kurvennaht und passen dabei alle Kanten und Paßzeichen genau aufeinander. Nähen Sie mit einer etwas kürzeren Stichlänge als sonst. Die Einschnitte liegen oben und werden beim Nähen etwas auseinander gezogen.
Beachten Sie, daß bei einer S-Kurve erst ein Nahtabschnitt genäht wird, die Arbeit umgedreht und dann der nächste Abschnitt, immer mit den Einschnitten nach oben.

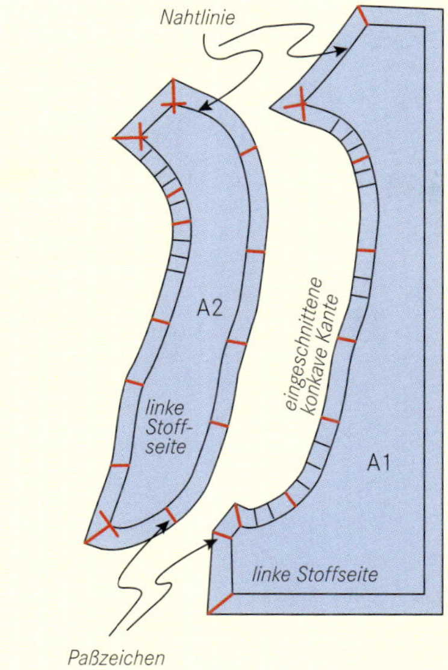

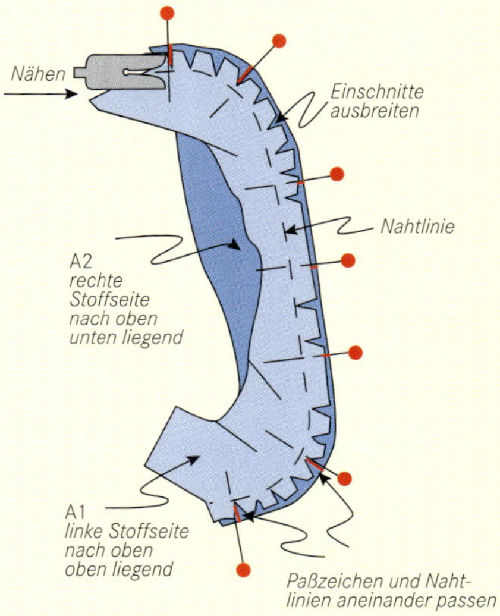

Papier entfernen, Paßzeichen und Nahtlinien aufeinander stecken. Mit dem konkaven (eingeschnittenen) Stück oben die Einschnitte ausbreiten und nähen.

Mir fällt es leichter, Kurven mit einer 0,75 cm/ ¼ inch breiten Nähsohle zu nähen und nicht mit der breiteren Zickzacksohle. Sie müssen genau erkennen können, wo die Nadel in den Stoff einsticht.

Vermeiden Sie 0,75 cm/ ¼ inch breite Nähfüße mit einem Metallsteg vor der Nadel. Vor der Nadel sollte eine Spalte in Nahtrichtung verlaufen. Ich finde auch 0,75 cm/ ¼ inch breite Nähfüße aus dickem Plastik oder mit einer vertikalen Metallschiene an der Seite unpraktisch. Auf meiner Pfaff-Maschine arbeite ich immer mit dem eingebauten Obertransport, das ist sehr hilfreich. Versuchen Sie einmal einen nachrüstbaren Obertransport, wenn es so etwas für Ihre Maschinenmarke gibt. Einige Quilter wechseln auch die Stichplatte gegen eine Geradstichplatte mit nur einem Loch aus. (Denken Sie aber daran, sie wieder zu wechseln, bevor Sie eine Zickzacknaht nähen.)

Plätten

Mit einem Dampfbügeleisen plätten Sie alle Nahtzugaben in Richtung der Pfeile, die im Nähschema angezeigt sind. Ich schneide Nahtzugaben nach dem Nähen nicht zurück, sondern betrachte sie als extra Volumen.
Kleben Sie die benutzten Papierteile, nachdem sie vom Stoff abgenommen wurden, mit Klebestreifen wieder zusammen, damit sie nicht verlorengehen.

Blöcke mit eingesetzten Ecken

Nahtzugaben bei Blöcken mit eingesetzten Ecken

Auf der Schneidematte legen Sie die 0,75-cm-/ ¼-inch-Markierung eines durchsichtigen Lineals auf die Kante des Papiers. Wie bei normalen Blöcken mit geraden Nähten schneiden Sie mit dem Rollschneider am Lineal entlang und haben so die genaue Nahtzugabe von 0,75 cm/ ¼ inch Breite. Achten Sie bei den inneren Ecken darauf, nicht zu weit in den Stoff zu schneiden.

Eingesetzte Ecken markieren und einschneiden

Markieren Sie jede Ecke mit einem Punkt auf der Stoffrückseite.
Die eingesetzte Ecke bis zum Punkt einschneiden.
Normalerweise entferne ich jetzt das Papier. Manche Schüler belassen es aber lieber auf dem Stoff und nähen entlang der Kante.

Eingesetzte Ecken nähen

Nähen Sie mit dem eingeschnittenen Stoffstück zuoberst. Passen Sie die ersten zwei Punkte aufeinander und stecken sie mit Stecknadeln fest. Verkürzen Sie die Stichlänge auf 1,5. Stellen Sie den „Nadelstop“ auf „unten“ ein, wenn möglich. Beginnen Sie an der Kante; nähen bis zum ersten Punkt und nehmen die Stecknadel heraus. Lassen Sie die Nadel im Punkt stecken und heben den Nähfuß. Drehen Sie das untere Stoffstück um die Nadel bis zur nächsten Nahtlinie. Den oberen Stoff bewegen Sie ganz vorsichtig um die Nadel. Die nächsten Punkte auf beiden Stoffstücken übereinander legen. Den Nähfuß senken und weiter nähen.

Plätten

Plätten Sie Nahtzugaben mit einem Dampfbügeleisen in Pfeilrichtung. Überschüssigen Stoff schneide ich nicht weg, denn er gibt zusätzliches Volumen.

Mehrfach-Schablonen

Sie können bis zu vier Vorlagen des Blocks auf einmal anfertigen (mit der glänzenden oder matten Seite nach oben, falls Sie auch spiegelbildliche Muster haben möchten). Legen Sie vier Lagen freezer paper/Fixierstickvlies übereinander. Legen Sie das kopierte Blockmuster obenauf. Die Lagen zusammenheften oder stecken.
Nehmen Sie den Oberfaden aus der Maschine. Mit einer alten Nadel und kurzer Stichlänge nähen Sie durch alle Lagen auf den Musterlinien. Schneiden Sie aus jeder Vorlage die Schablonen aus.
Arbeiten Sie mit den Schablonen wie mit den Einzelschablonen.

Vielfach-Schablonen

Der einfachste Weg, Plastikschablonen herzustellen, beginnt mit einer Papierkopie Ihres Blocks in der Größe, die Sie nähen möchten. Beschriften Sie die Teilstücke gemäß dem Blockdiagramm. Zeichnen Sie Paßzeichen an Kreuzungen und in 2,5 cm/1 inch Abständen über den Nahtlinien. (Setzen Sie die Paßzeichen nicht enger als im Abstand von 2,5 cm/1 inch, sonst kann es passieren, daß Sie die falschen Paßzeichen aufeinander legen.) Zerschneiden Sie die Vorlage. Fixieren Sie jedes Papierteil mit Klebstoff oder Klebefilm auf Schablonen-Plastik. Schneiden Sie die Plastikschablonen mit einer Nahtzugabe von 0,75 cm/¼ inch um die Papierteile herum aus.
Machen Sie ein kleines Loch bei jedem Paßzeichen und jeder Ecke in die Schablone

Um die Plastikschablonen herum können mehrere Lagen Stoff auf einmal geschnitten werden. Legen Sie vier bis acht Stoffe aufeinander, mit der linken Seite nach oben. Plätten Sie den Stapel mit dem Dampfbügeleisen. Legen Sie die Plastikschablone mit der linken Seite nach oben darauf. Markieren Sie entweder die Umrisse und schneiden den Stoffstapel mit einer sehr scharfen Schere, oder benutzen Sie Lineal und Rollschneider.

Damit alle Nähte noch genauer werden, markieren Sie einen Punkt durch die kleinen Löcher auf die linke Stoffseite. Stecken Sie die Punkte aufeinander fest, bevor Sie mit dem Nähen beginnen.

Stoffauswahl

Es macht viel Spaß, nach Stoffen zu suchen, die Farbe und Struktur der verschiedenen Gemüsesorten abbilden. Versuchen Sie, einen zart gestreiften Stoff für Selleriestangen zu finden, einen getüpfelten für die Broccoli-Röschen oder ein schattiertes Muster für die Artischockenblätter. Man könnte die rechte Seite eines Stoffs für die dunklen äußeren Salatblätter verarbeiten und die linke für die inneren Blätter.
Aus manchen Stoffen kann man mit Extraschnitten ausgesuchte Stellen des Musters herausschneiden (fuzzy-cut), z. B. für eine glänzende Stelle auf der Aubergine oder der Tomate.
Ich arbeite gerne mit unterschiedlichen Stoffen für einen Hintergrund. Das Blockmuster wird damit üppiger und aufregender, als wenn alle Teile aus dem gleichen Stoff geschnitten werden. Dies wird besonders deutlich, wenn ein einzelner Block wiederholt wird, wie Sie an den kleinen Quilts sehen können, die es zu jedem Block gibt.
Für den Sampler (Musterquilt), der aus allen Blöcken des Buches besteht, habe ich unterschiedliche blaue Stoffe für die Blöcke mit Kurvennähten und verschiedene dunkelbraune Stoffe für die Blöcke mit geraden Nähten gewählt.
Stoffe mit kleinen, leuchtenden oder weißen Sprenkeln im Muster geben dem Quilt etwas Glitzerndes, kleine Schimmer von Sonnenlicht oder Tautropfen. Sie können viele solche Stoffmuster in den Hintergrund- und Randstoffen des Samplers entdecken.

Die Gemüse-Blöcke

Artischocke

Kurvennähte

Artischocke mit Kurvennähten

Für diesen Block habe ich aus einem bedruckten Stoff die Artischockenblätter mit Extraschnitten so gewählt, daß sie violette Blattspitzen haben. Markieren Sie auf der matten Seite vom *freezer paper*/Fixierstickvlies oder der Plastikschablone die Blattspitze, damit die Schablonen korrekt auf dem Stoff plaziert werden können.

Die Kurvennähte und die vielen Teilstücke machen diesen Block relativ schwierig zu nähen. Wenn Sie den Block stärker als angegeben vergrößern, wird es leichter.

Artischocke, Quiltentwurf mit Kurvennähten

Dieser Quiltentwurf zeigt jeden zweiten Block spiegelbildlich, so daß beim Aufeinandertreffen der Blocknähte ein interessantes Sekundärmuster entsteht.

Die vorgeschlagene Größe ist die kleinste nähbare Größe. Leichter wird es mit stärkerer Vergrößerung. Plätten Sie die Nahtzugaben in Pfeilrichtung.

Artischocke mit Kurvennähten
Vergrößern Sie die Vorlage auf 229 %,
auf ein 25,4 x 25,4 cm/10 x 10 inch großen Quadrat, siehe Seite 9.

Nähen:
A1 an A2 an A3
B1 an B2 an B3 an B4 an A
C1 an C2 an C3 an C4 an C5 an AB
D1 an D2 an D3 an ABC
E1 an E2 an E3 an E4 an E5 an E6 an ABCD
F1 an F2 an F3 an ABCDE
G1 an G2 an G3 an G4 an G5 an G6 an ABCDEF
H1 an H2 an H3 an ABCDEFG
I1 an I2, I3 an I4 (1, 2) an I5 an I6
J1 an J2 an J3 an I an ABCDEFGH

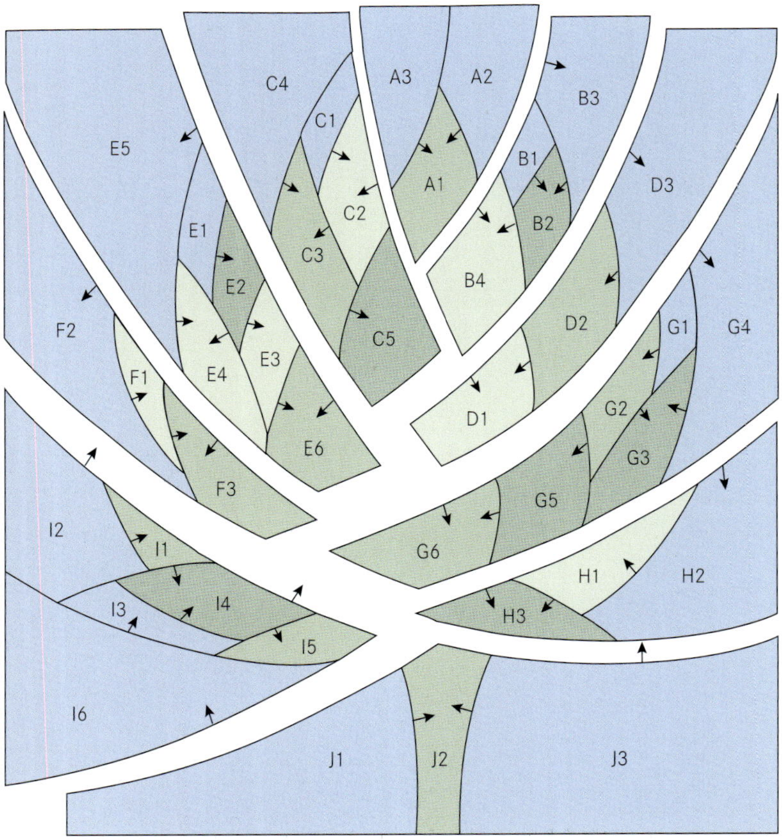

Artischocke mit Kurvennähten, Nähschema

Spargel

Der Frühling ist da, wenn die ersten Spargelspitzen aus dem Boden gucken.

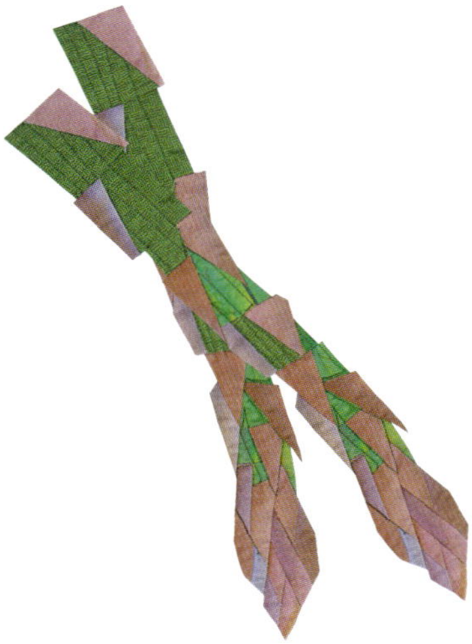

Gerade Nähte

Spargel mit geraden Nähten

Auch wenn ich den Spargel in 38 x 12,5 cm/ 15 x 5 inch Größe genäht habe, könnte er genauso gut drei oder viermal so groß sein. Beschriften Sie die kleinen Schablonen in den Abschnitten A und C sorgfältig. Markieren Sie jedes Paßzeichen in den Abschnitten A und C in verschiedenen Farben, denn viele Teilstücke gleichen sich in Größe und Form. Wenn die Näharbeit so kompliziert ist, nähe ich oft die kleinsten Teile zuerst.

Die Blöcke der unteren Reihe sind das Spiegelbild der Blöcke in der oberen Reihe.

Spargel mit geraden Nähten, Entwurf

Vier Spargelblöcke, vier spiegelbildliche Blöcke. Damit ein rechteckiger Quilt entsteht, füllen Sie jeden Block oben und unten mit Rechtecken auf.

Spargel mit geraden Nähten, Entwurf

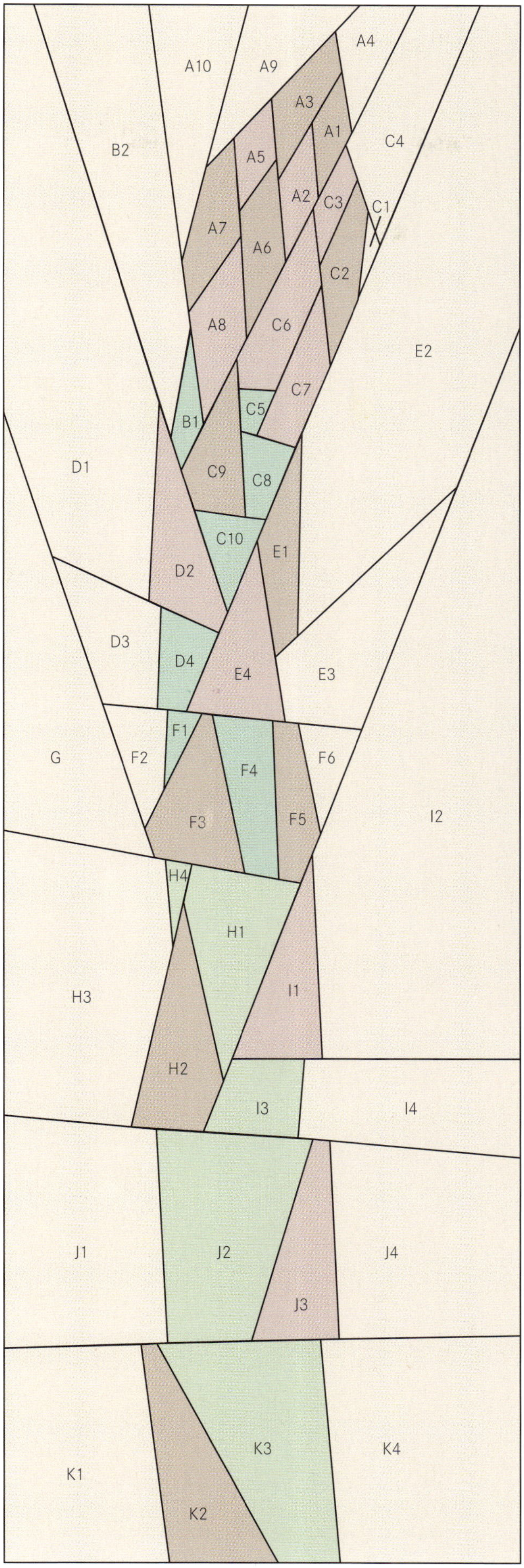

Die vorgeschlagene Größe ist die kleinste nähbare Größe. Einfacher wird es mit stärkerer Vergrößerung. Plätten Sie die Nahtzugaben in Pfeilrichtung.

Spargel mit geraden Nähten, Blockmuster
Vergrößern Sie die Vorlage auf 155 %, auf ein 38 x 12,5 cm/15 x 5 inch großes Rechteck, siehe Seite 9.

Nähen:
A1 an A2 an A3 an A4
A5 an A6 an A (1, 2, 3, 4)
A7 an A8 an A (1, 2, 3, 4, 5, 6)
an A9 an A10
B1 an B2 an A
C1 an C2 an C3 an C4
C5 an C6 an C7 an C (1, 2, 3, 4)
an C8 an C9 an C10 an AB
D1 an D2, D3 an D4 an D (1, 2)
an ABC
E1 an E2 an E3 an E4 an ABCD
F1 an F2 an F3 an F4 an F5 an F6
an ABCDE an G
H1 an H2, H3 an H4 an H (1, 2)
an ABCDEFG
I1 an I2, I3 an I4 (1, 2)
an ABCDEFGH
J1 an J2 an J3 an J4 an ABCDEFGHI
K1 an K2 an K3 an K4
an ABCDEFGHIJ

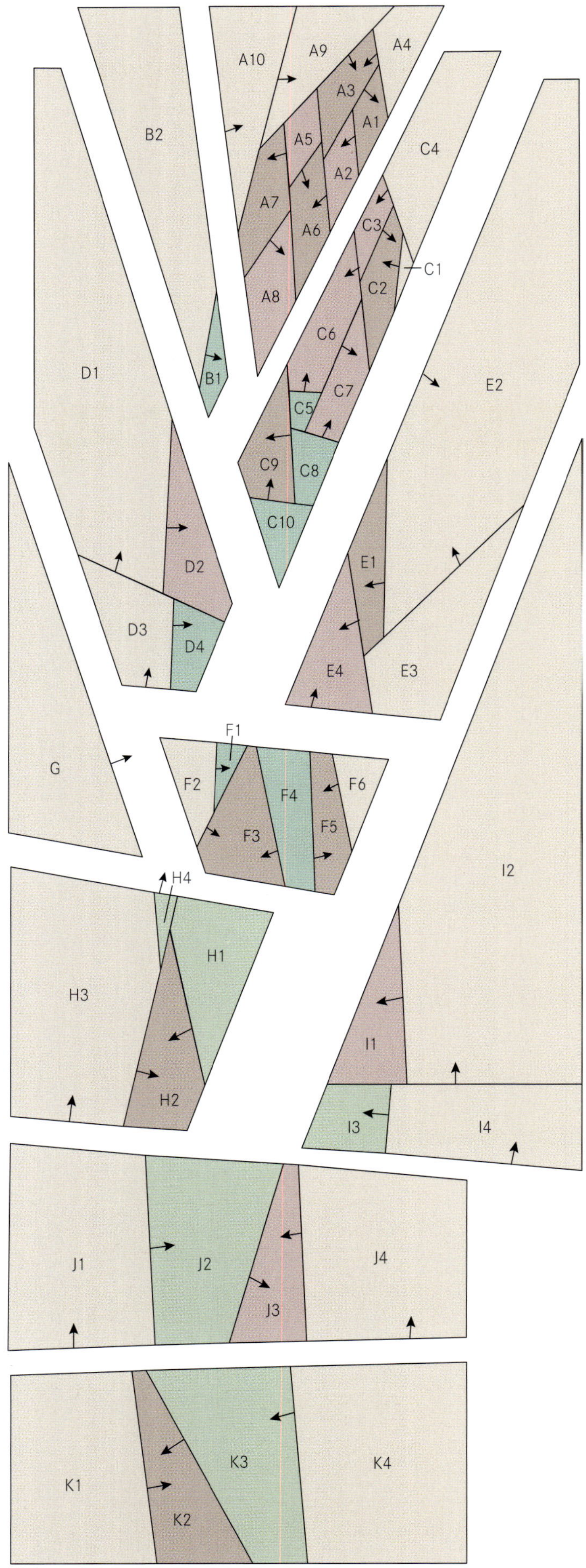

Spargel mit geraden Nähten, Nähschema

Grüne Bohnen

Grüne und violette Hülsen oder das hübsche Blaßgelb der Wachsbohnen stehen hier zur Auswahl.

Gerade Nähte

Grüne Bohnen mit geraden Nähten

Die rechteckigen Bohnenblocks habe ich wie ein Windrad angeordnet. Die Fläche muß mit kleinen Quadraten aufgefüllt werden, deren Größe sich aus der Differenz zwischen Länge und Breite des Bohnenblocks ergibt. Für einen 33 x 20,3 cm/13 x 8 inch großen Bohnenblock ist das kleine Quadrat 12,7 x 12,7 cm/5 x 5 inch groß. Die Quadrate gleichen Puzzleteilen. Beim Zusammennähen der Rechtecke und Quadrate beginnen Sie am besten mit einer Teilnaht zwischen der langen Seite eines Rechtecks und eines Quadrats.

Grüne Bohnen mit geraden Nähten, Entwurf

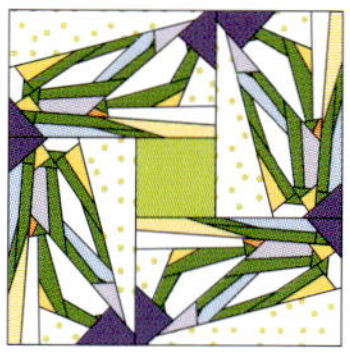

Teilnähte

Ganz leicht läßt sich das Puzzleteil (hier das Quadrat) auf folgende Art einarbeiten: Nähen sie zunächst das Quadrat mit einer Teilnaht an den ersten Block.

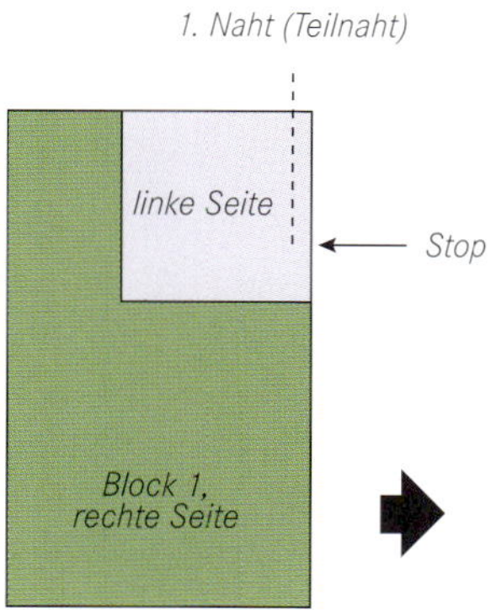

Schritt 1

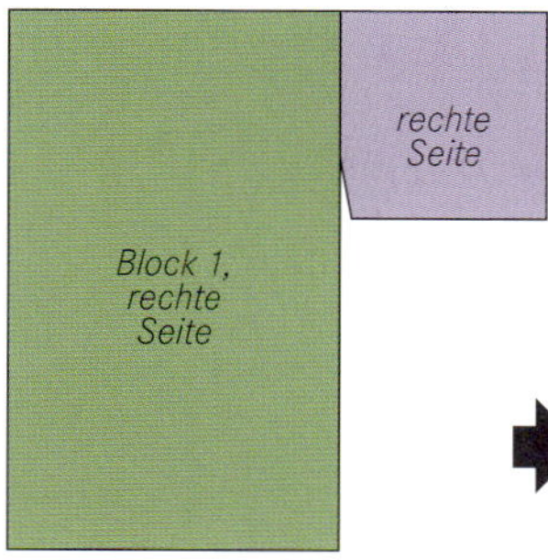

Schritt 2

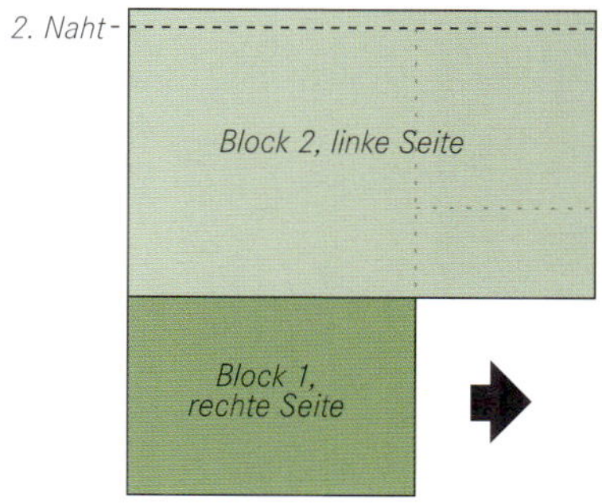

Schritt 3

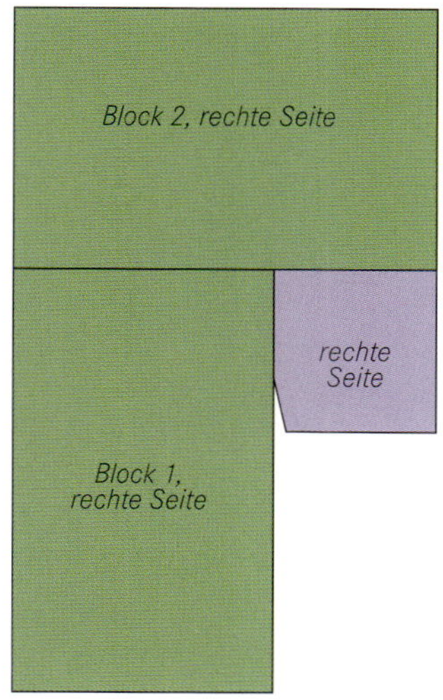

Schritt 4

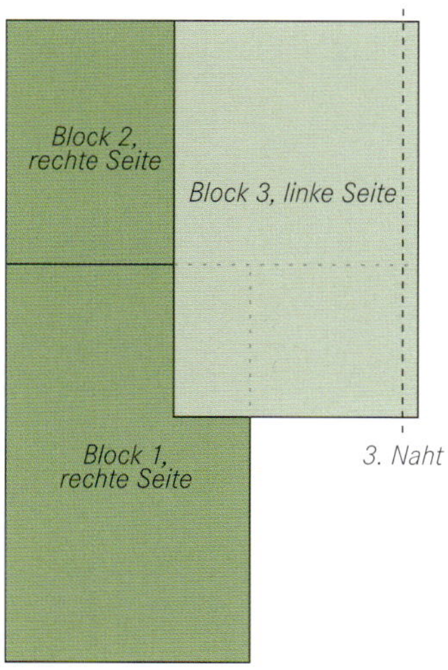

Schritt 5

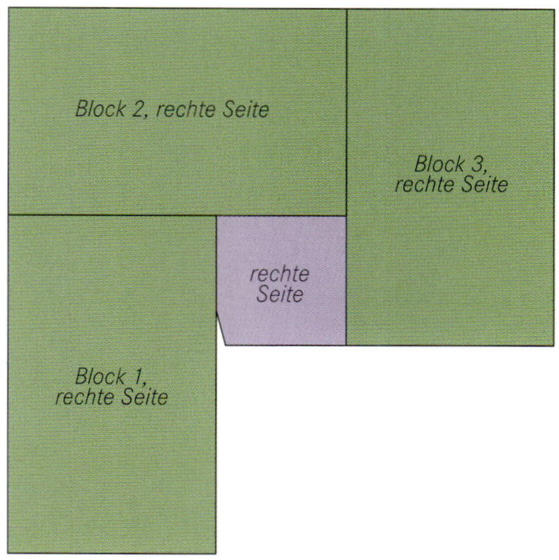

Schritt 6

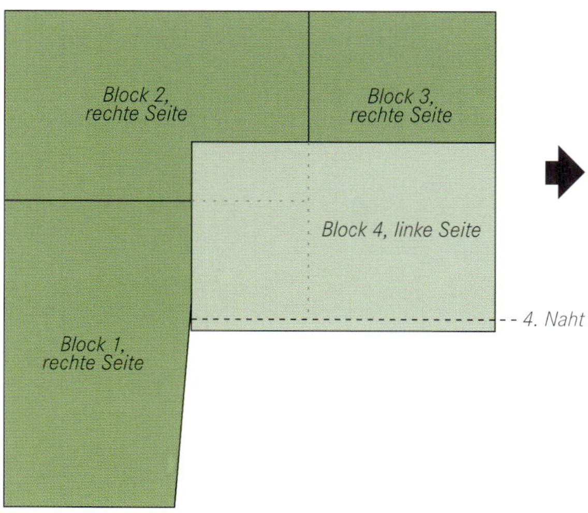

Schritt 7

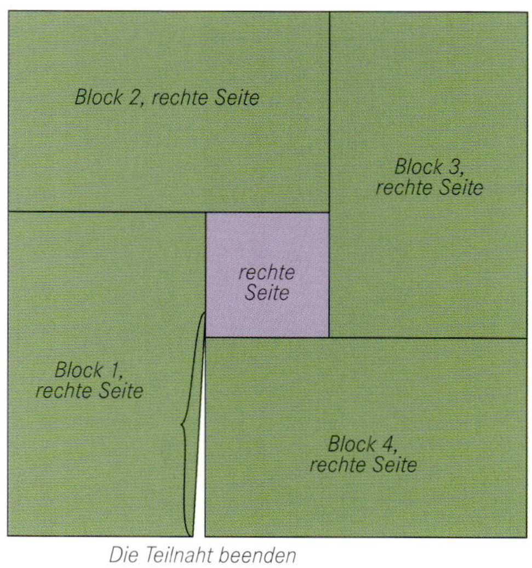

Schritt 8

Die vorgeschlagene Größe ist die kleinste nähbare Größe. Leichter wird es mit stärkerer Vergrößerung. Plätten Sie die Nahtzugaben in Pfeilrichtung.

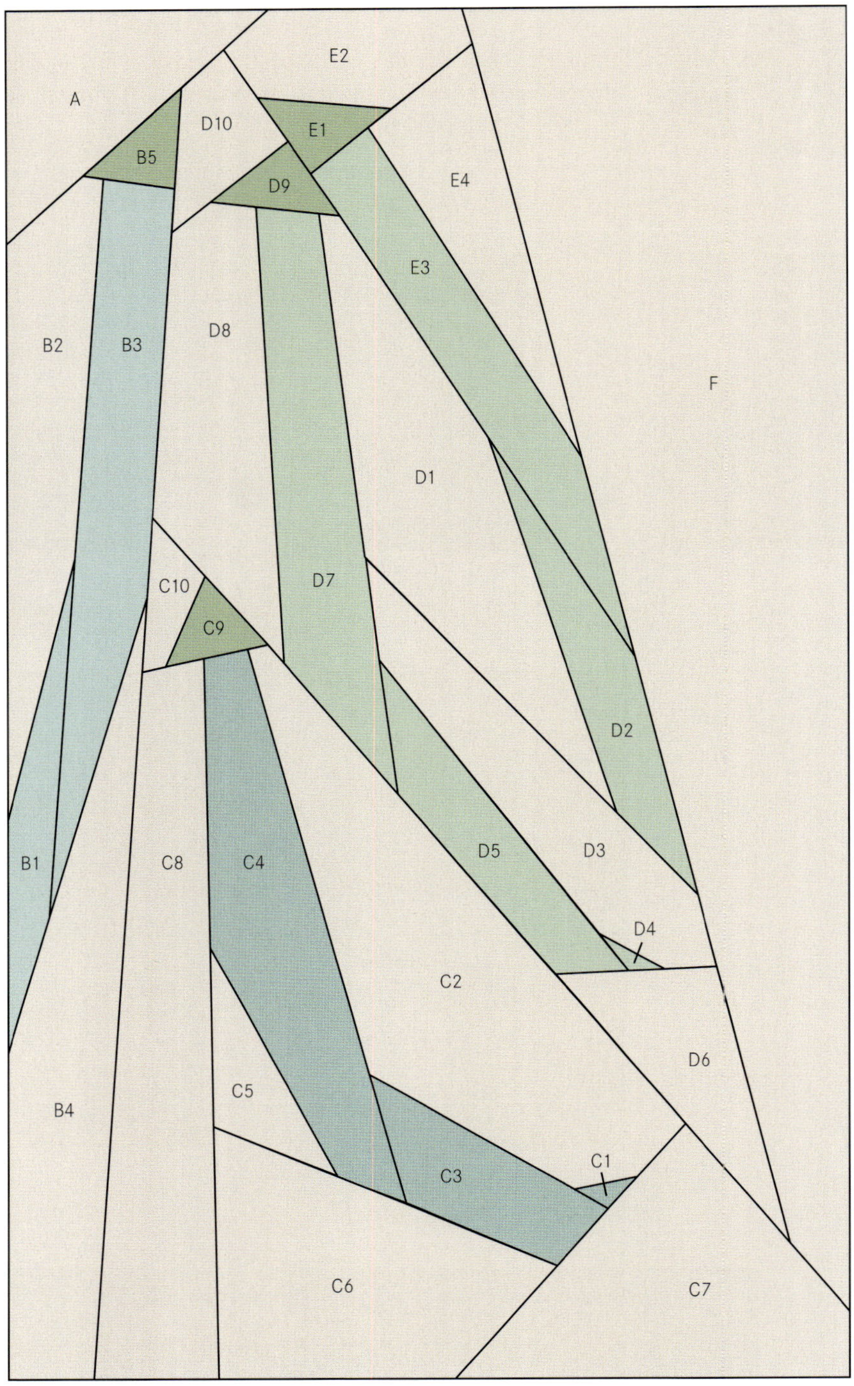

Grüne Bohnen mit geraden Nähten, Blockmuster
Vergrößern Sie die Vorlage auf 183 %, auf ein 33 x 20,3 cm/13 x 8 inch großes Rechteck, siehe Seite 9.

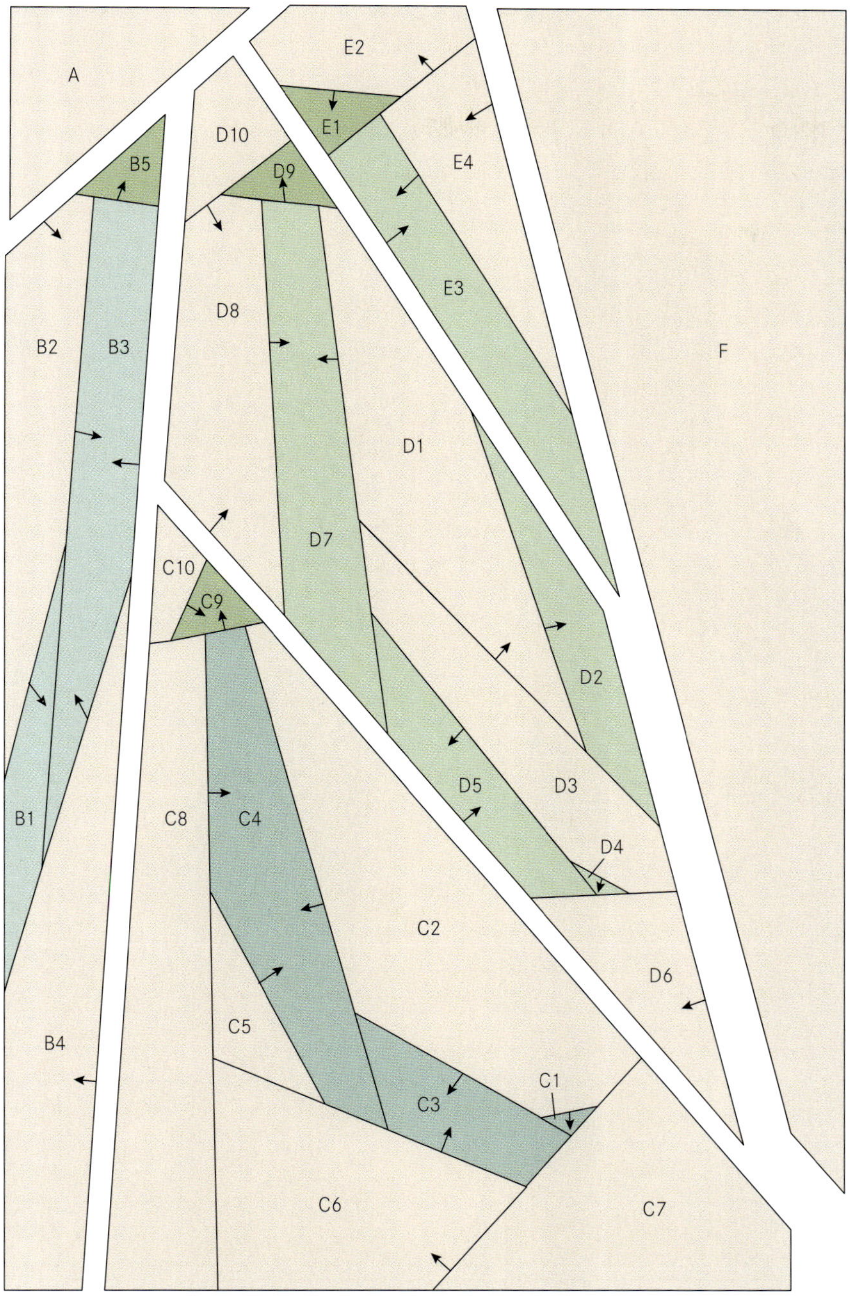

Grüne Bohnen mit geraden Nähten, Nähschema

Nähen:
B1 an B2 an B3 an B4 an B5
C1 an C2 an C3 an C4 an C5 an C6 an C7 an C8
C9 an C10 an C (1, 2, 3, 4, 5, 6, 7, 8)
D1 an D2 an D3 an D4 an D5 an D6 an D7 an D8
an D9 an D10
E1 an E2, E3 an E4 an E (1, 2) an D
an F an C
an B an A

Prunkbohne

Bohnenkerne gibt es in den verschiedensten wunderbaren Farben, und manchmal sind sogar die Hülsen bunt. Eine alte Sorte heißt Prunkbohne oder Feuerbohne.

Kurvennähte

Prunkbohne mit Kurvennähten

Hier gibt es zwei Quiltentwürfe. Der erste (unten links) besteht aus zwei Blöcken und zwei spiegelbildlichen Blöcken. Im zweiten Entwurf (unten) sind die Blöcke um ein Mittelquadrat herum angeordnet. Die Größe des Quadrats ergibt sich aus der Differenz von Länge und Breite des Blocks.

Bohnen mit Kurvennähten, Entwürfe

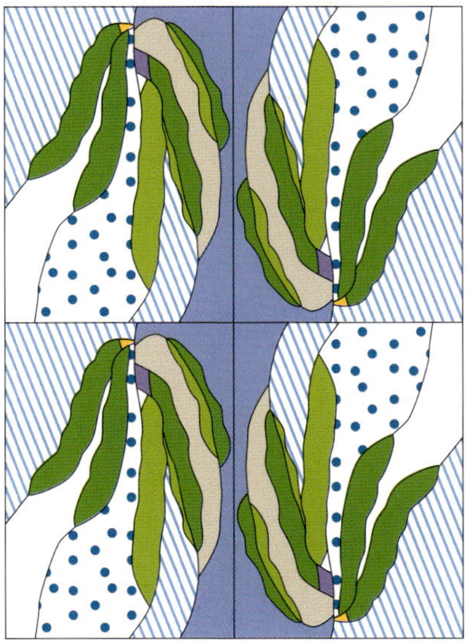

Die vorgeschlagene Größe ist die kleinste nähbare Größe. Leichter wird es mit stärkerer Vergrößerung. Plätten Sie die Nahtzugaben in Pfeilrichtung.

Alle anderen Blöcke in diesem Buch sind nicht so verzwickt zu nähen wie dieser hier, denn er hat wellenförmige Linien an den Außenseiten der Hülsen. Ich habe alle konkaven Kurven eingeschnitten, sie sorgfältig aufeinander gesteckt und jede wellenförmige Naht in einem Rutsch genäht. Dabei bewegte ich die Stofflagen ganz vorsichtig, um Kanten und Nahtlinien genau aneinander anzupassen. Bei so einer welligen Kurvennaht befindet sich die eine Hälfte der Einschnitte im oben liegenden Stoff und die andere im unten liegenden.

Überlegen Sie, ob Sie diesen Block nicht doppelt so groß gegenüber 38,1 x 28 cm/ 15 x 11 inch arbeiten möchten. Das Nähen der wellenförmigen Linien wäre sicher leichter, und der Quilt sähe überwältigend aus.

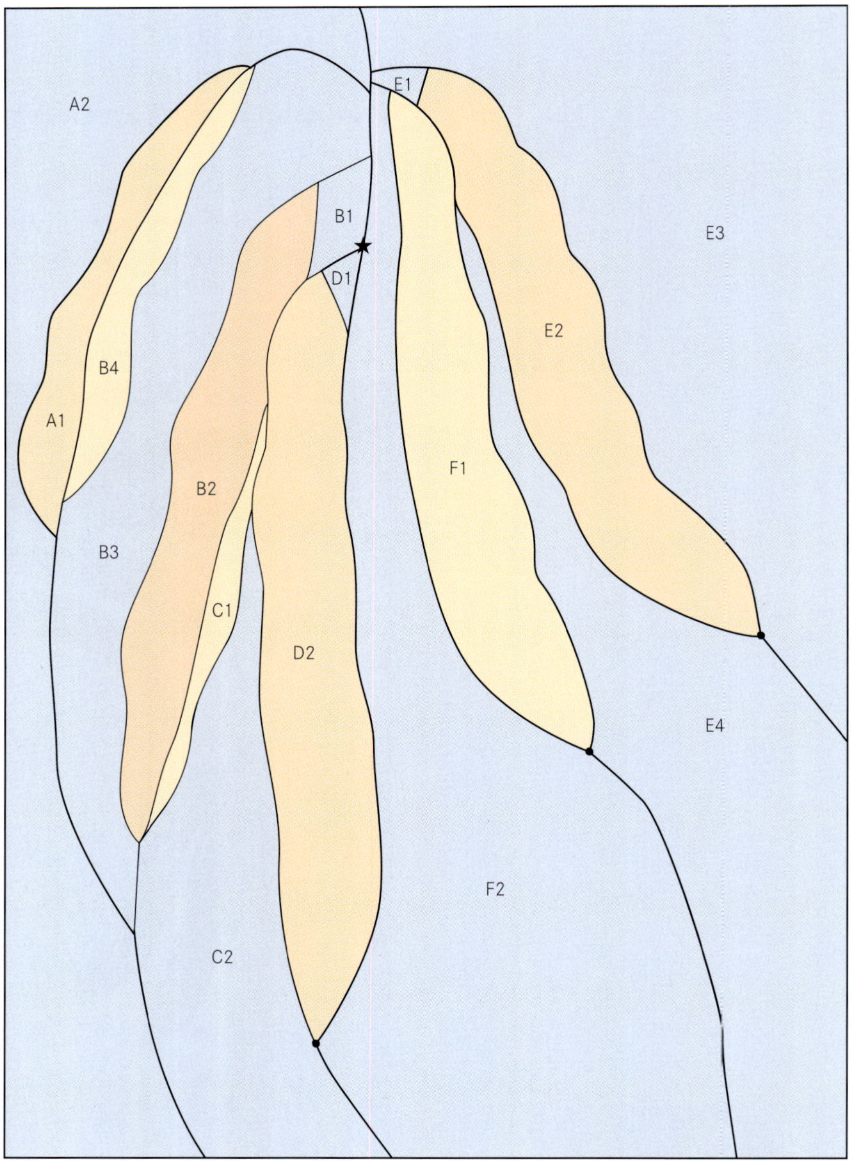

Bohnen mit Kurvennähten, Blockmuster
Vergrößern Sie diesen Block auf 252 %, auf ein 38,1 x 28 cm/ 15 x 11 inch großes Rechteck, siehe Seite 9.

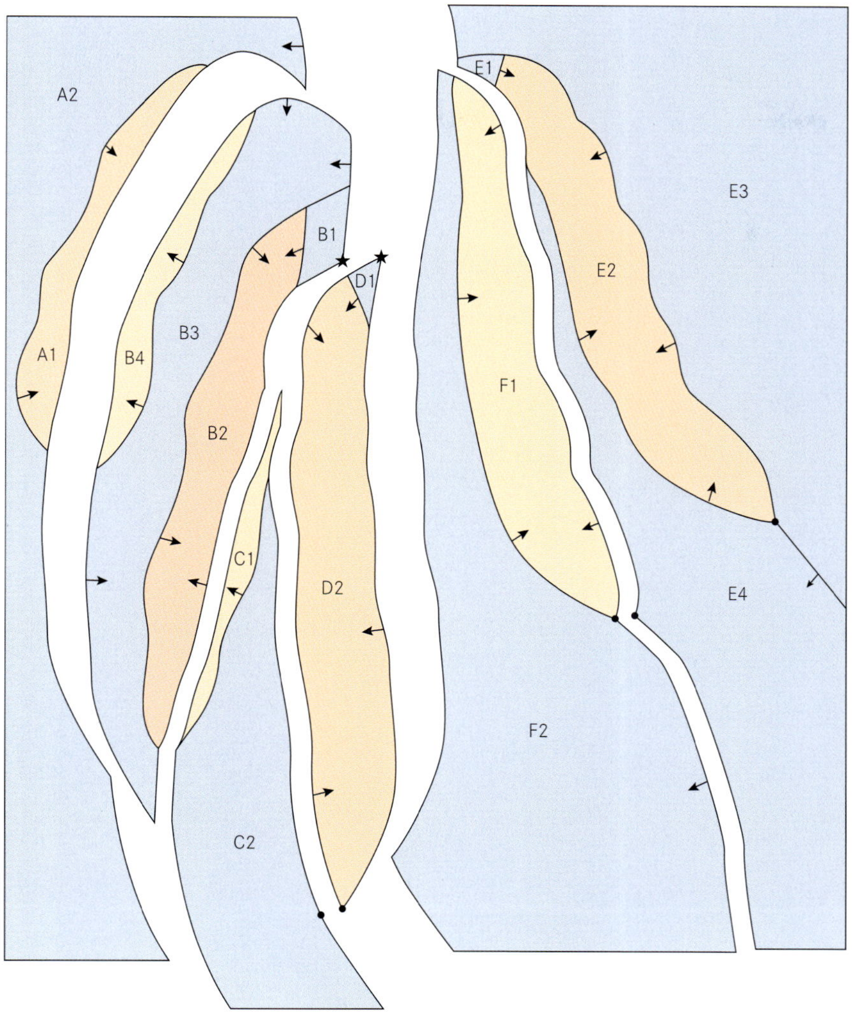

Bohnen mit Kurvennähten, Nähschema
Alle • sind Y-Nähte. Jede Naht bei den • mit Rückstich sichern.

Nähen:
A1 an A2
B1 an B2 an B3 an B4 an A
C1 an C2 an AB
D1 an D2 an ABC von * bis •
E1 an E2 an E3 (Rückstich bei •)
E2 an E4 (Rückstich bei •)
E3 an E4 (Rückstich bei •)
F1 an F2 (Rückstich bei •)
F2 an F4 (Rückstich bei •)
Naht FE beenden
ABD an EF (Rückstich bei •)
Naht CF beenden

Rote Bete

Die bescheidene Knolle liefert den prächtigsten roten Saft. Doch leider ist die Farbe unbeständig, wenn man Stoff damit färbt.

Gerade Nähte

Rote Bete mit geraden Nähten

Das rote oder goldene Fruchtfleisch der Bete glüht vor einem dunklen, erdigen Hintergrund. Blattstiele der Bete haben häufig beides, grüne und rote Anteile. Vielleicht finden Sie einen schmal rot/grün gestreiften Stoff für die Teile A2, A3 und A4.

Beide Entwürfe mit geraden Nähten bestehen aus sechs identischen Blöcken. Im ersten liegen die Blöcke alle mit den Stielen nach oben. Im zweiten sind sie in vier verschiedene Richtungen ausgerichtet.

Rote Bete mit geraden Nähten, Entwürfe.

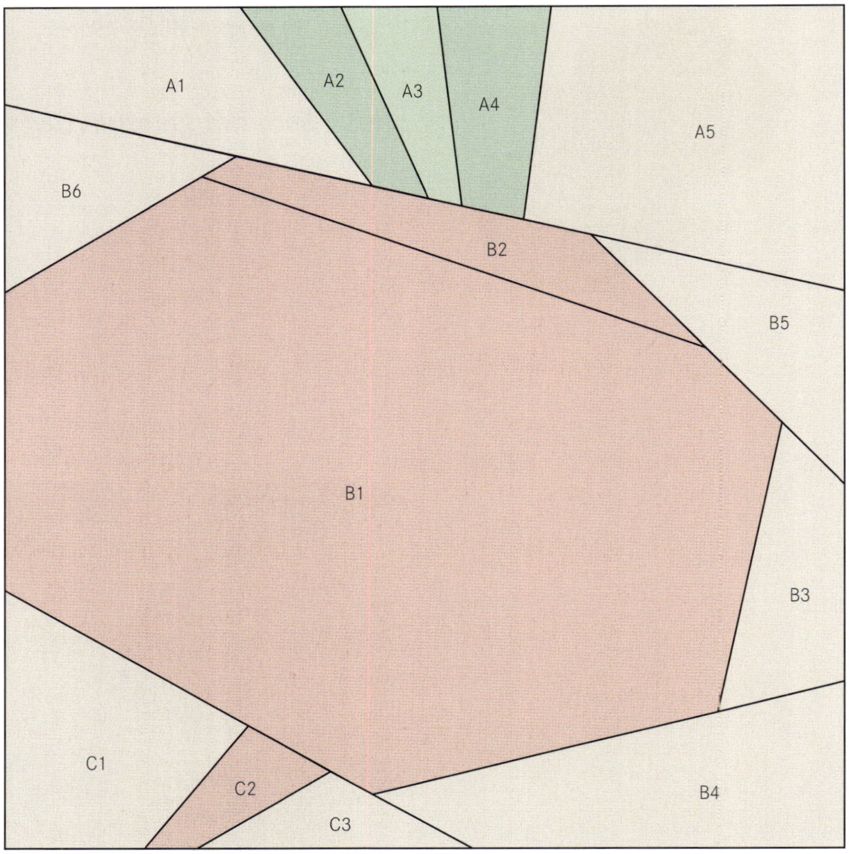

Rote Bete mit geraden Nähten, Blockmuster. Vergrößern Sie die Vorlage auf 137 %, auf ein 15,2 x 15,2 cm/6 x 6 inch großes Quadrat, siehe Seite 9.

Die vorgeschlagene Größe ist die kleinste nähbare Größe. Leichter wird es mit stärkerer Vergrößerung. Plätten Sie die Nahtzugaben in Pfeilrichtung.

Nähen:
A1 an A2 an A3 an A4 an A5
B1 an B2 an B3 an B4 an B5 an B6 an A
C1 an C2 an C3 an AB

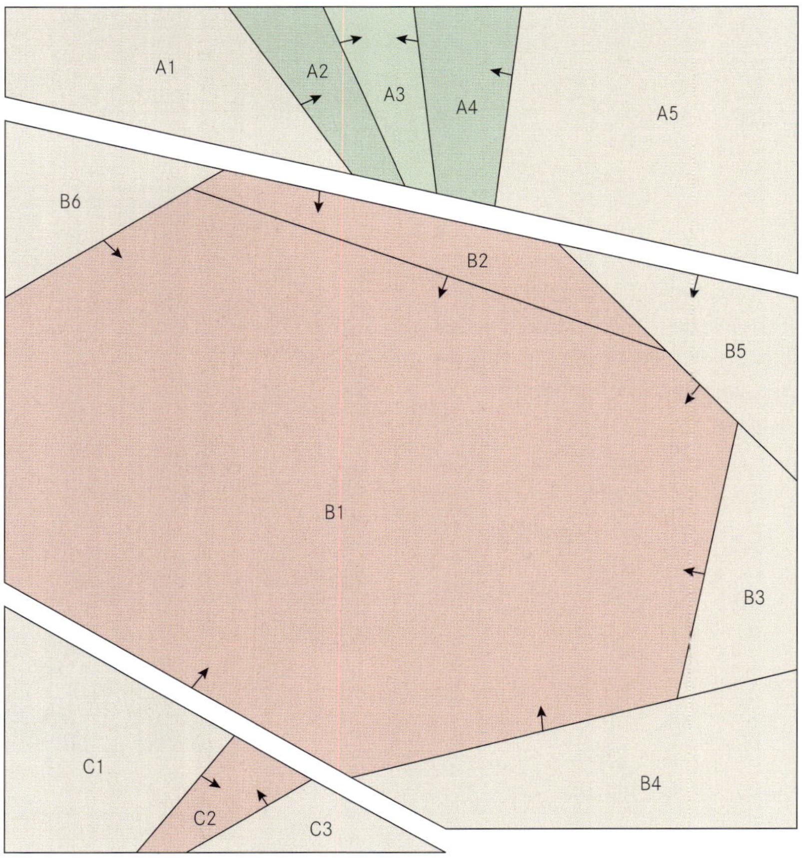

Rote Bete mit geraden Nähten, Nähschema

Kurvennähte

Rote Bete mit Kurvennähten

Die Rundung der Knollen verstärkt den Rhythmus dieser beiden Entwürfe. Im ersten stehen die Knollen der unteren Reihe auf dem Kopf, so daß die Knollen beider Reihen aufeinanderstoßen. Ein Sekundärmuster entsteht. Im zweiten Entwurf sind je vier Knollen wie Windräder angeordnet.

Rote Bete mit Kurvennähten, Entwürfe

Gewöhnlich schneide ich die Nahtzugaben nicht zurück, aber die Wurzel (D2) dieser roten Bete mit Kurvennähten läßt sich so leichter nähen. Nachdem Sie D1 an D2 genäht haben, schneiden Sie die Nahtzugaben ein wenig zurück, so daß sie beim Annähen von D3 nicht stören. In Pfeilrichtung plätten. So liegen alle Nahtzugaben unter der Knolle.

Die vorgeschlagene Größe ist die kleinste nähbare Größe. Leichter wird es mit stärkerer Vergrößerung. Plätten Sie die Nahtzugaben in Pfeilrichtung.

Nähen:
A1 an A2 an A3 an A4 an A5 (mit der „nähen und klappen"-Technik arbeiten)
B1 an B2 an B3 an A
C1 an C2 an C3 an C4 an AB
D1 an D2 an D3 an ABC

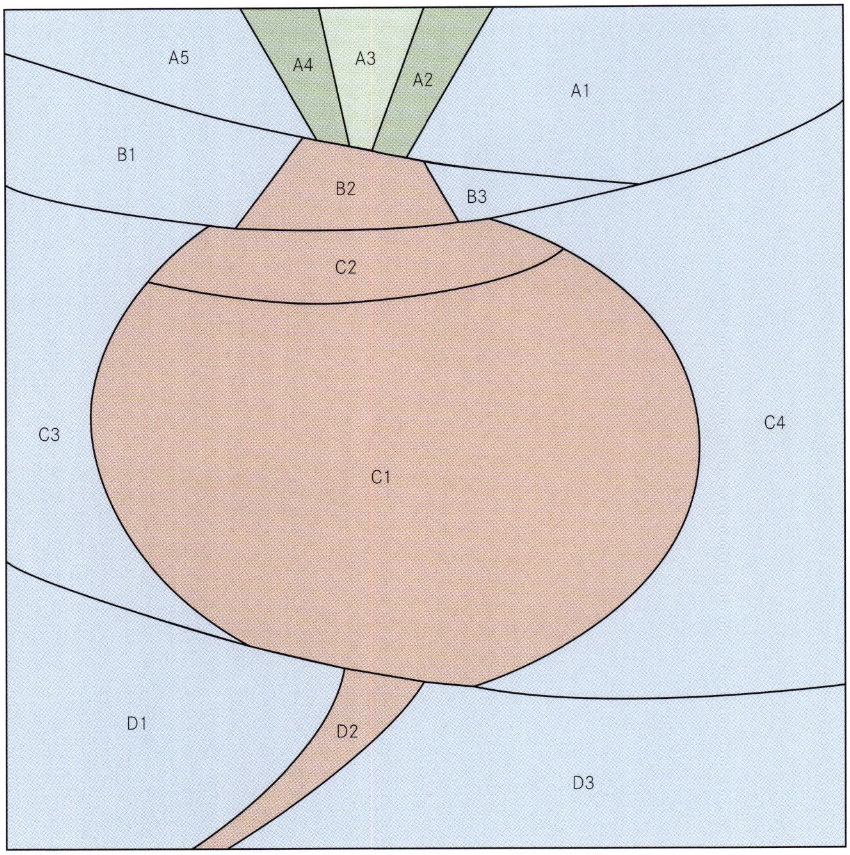

Rote Bete mit Kurvennähten, Blockmuster
Vergrößern Sie diesen Block auf 128 %, auf ein 15 x 15 cm/6 x 6 inch großes Quadrat, siehe Seite 9.

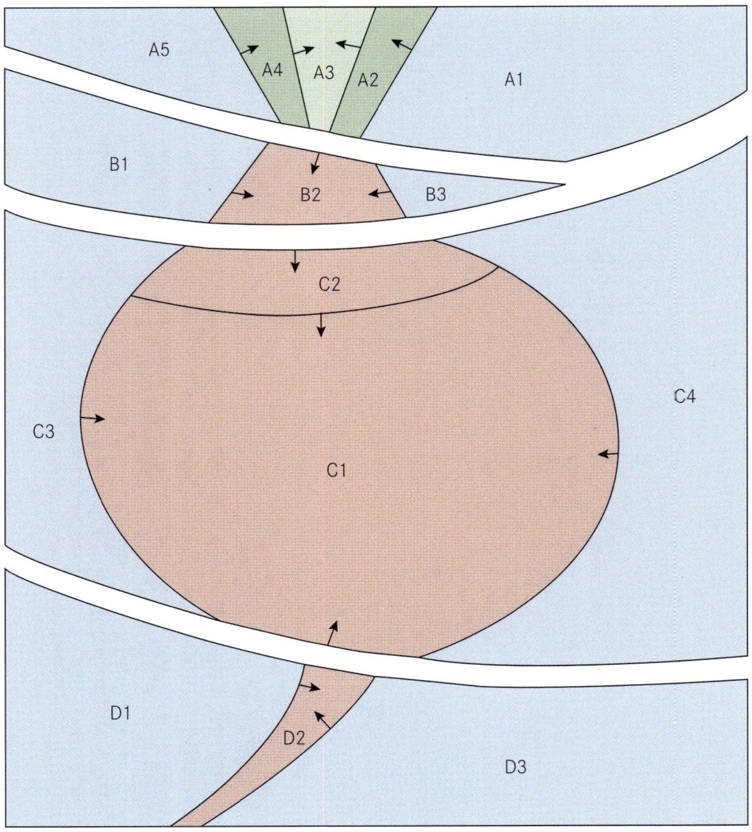

Rote Bete mit Kurvennähten, Nähschema

Brokkoli

Gerade Nähte und Kurvennähte

Brokkoli mit geraden Nähten und Kurvennähten

Neben geraden und kurvigen Nähten wird dieser Block auch mit Y-Nähten gearbeitet. Ich gebe mir viel Mühe, die kniffligen Y- Nähte in meinen Entwürfen zu vermeiden, aber dies hier war die beste Möglichkeit, den Block einem Brokkoli ähnlich zu gestalten. Der Block näht sich wie das *Grandmother's Flower Garden*-Muster. Ich habe ihn mit Extraschnitten aus einem gesprenkelten Stoff geschnitten, und für die oberen Blüten hellere Stellen im Stoff ausgewählt. Falls Sie das genauso machen wollen, notieren Sie auf der matten Seite des *freezer paper*/Fixierstickvlies, wo die hellen und dunklen Stoffstücke liegen sollen. So wird das korrekte Auslegen der Stoffstücke viel leichter.

In diesem Entwurf sind acht Blöcke und acht spiegelbildliche Blöcke zu einem interessanten symmetrischen Muster angeordnet.

Brokkoli mit geraden Nähten und Kurvennähten, Entwurf

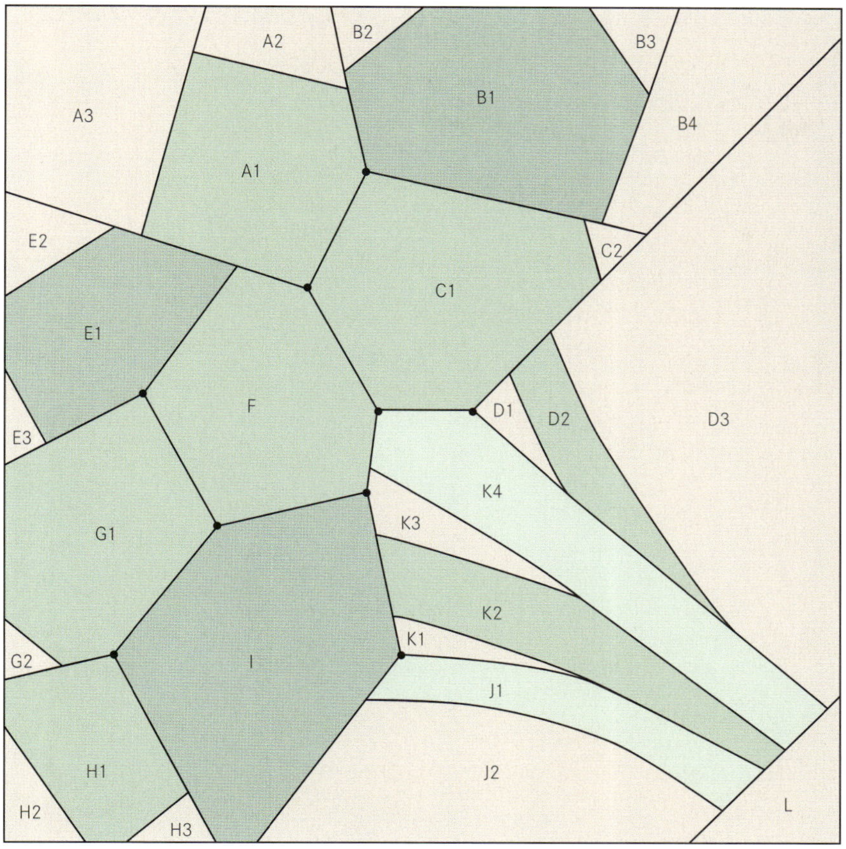

Brokkoli mit geraden Nähten und Kurvennähten, Blockmuster. Vergrößern Sie die Vorlage auf 206 %, auf ein 22,9 x 22,9 cm/9 x 9 inch großes Quadrat, siehe Seite 9.

Die vorgeschlagene Größe ist die kleinste nähbare Größe. Leichter wird es mit stärkerer Vergrößerung. Plätten Sie die Nahtzugaben in Pfeilrichtung.

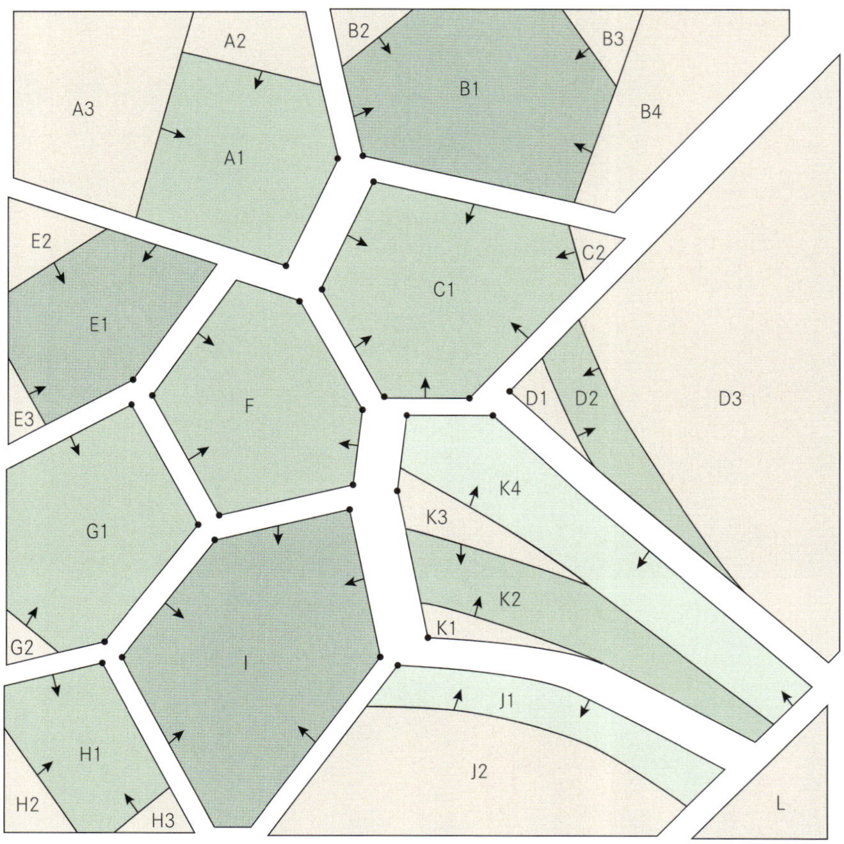

Brokkoli mit geraden Nähten und Kurvennähten, Nähschema. Alle • sind Y Nähte. Sichern Sie jede Naht bei den • mit Rückstich, anstatt sie in der Nahtzugabe zu beginnen.

Nähen:
A1 an A2 an A3
B1 an B2 an B3 an B4 an A
C1 an C2 an B an A
D1 an D2 an D3 an ABC
E1 an E2 an E3 an F an ABCD
G1 an G2 an E an F
H1 an H2 an H3 an G
H an I, G an I, I an F
K1 an K2 an K3 an K4 an C, K an F, K an I, K an D
J1 an J2 an I, J an K, JKD an L

Kohl

Gerade Nähte

Kohl mit geraden Nähten

Im ersten Quiltentwurf wird der Kohlblock hin und her gedreht. Im zweiten drehen sich die Kohlblöcke wie die Flügel beim Windrad.

Kohl mit geraden Nähten, Entwürfe

Dieser Kohlblock wird mit einer abgewandelten log-cabin-Technik genäht. Wer möchte, kann die Sektion A des Nähschemas auf Fxierstickvlies arbeiten, anstatt alle A-Teile in Einzelschablonen zu zerschneiden und dann das Patchwork zusammenzunähen.

Die kleinen Teilstücke A6, A7, A8 und A9 sollten, aus dunklen Stoffen geschnitten, das dichte Herzstück des Kohlkopfs gegen die losen Außenblätter absetzen. Wenn Sie den Abschnitt A nach Schablonen nähen, plätten Sie die Nahtzugaben von A6, A7, A8 und A9 zur Mitte und geben so der Kopfform des Kohls Volumen. Wenn Sie den Abschnitt A auf einer Unterlage nähen, legen sich diese Nahtzugaben natürlich nach außen.

Die vorgeschlagene Größe ist die kleinste nähbare Größe. Leichter wird es mit stärkerer Vergrößerung. Plätten Sie die Nahtzugabe in Pfeilrichtung.

Nähen:
A1 an A2 an A3 an A4 an A5 an A6 an A7 an A8 an A9 an A10 an A11 an A12 an A13 an A14 an A15 an A16 an A17 an A18 an A19
B1 an B2 an A
C1 an C2 an AB
D1 an D2 an ABC
E1 an E2 an E3 an E4 an ABCD an F an G

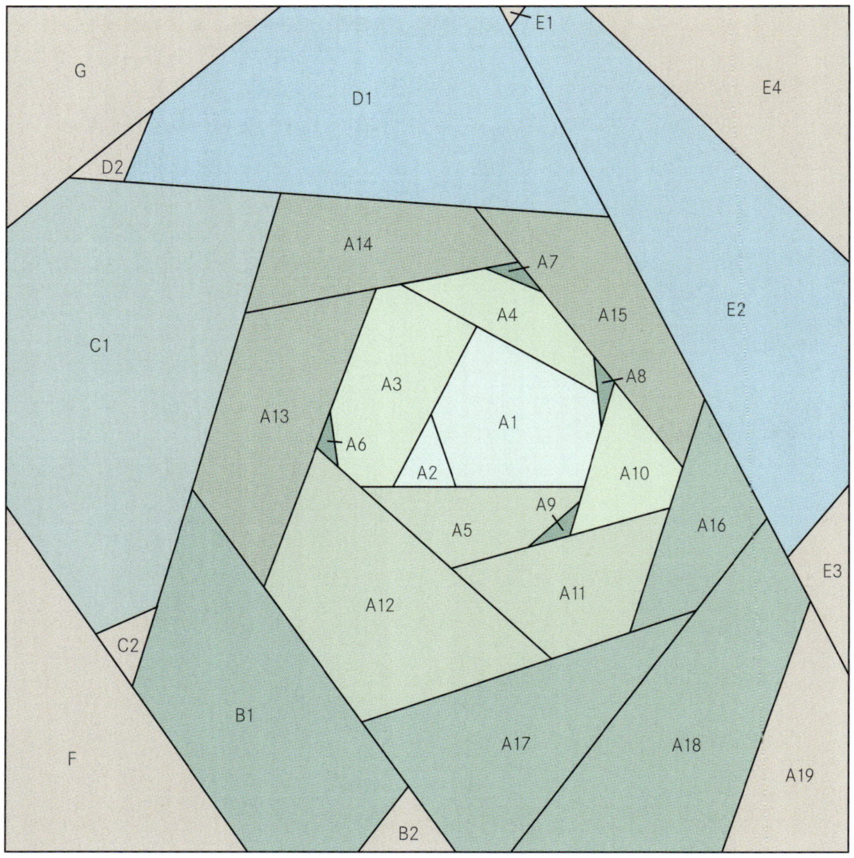

Kohl mit geraden Nähten, Blockmuster
Vergrößern Sie die Vorlage auf 229 %, auf ein 25,4 x 25,4 cm/10 x 10 inch großes Quadrat, siehe Seite 9.

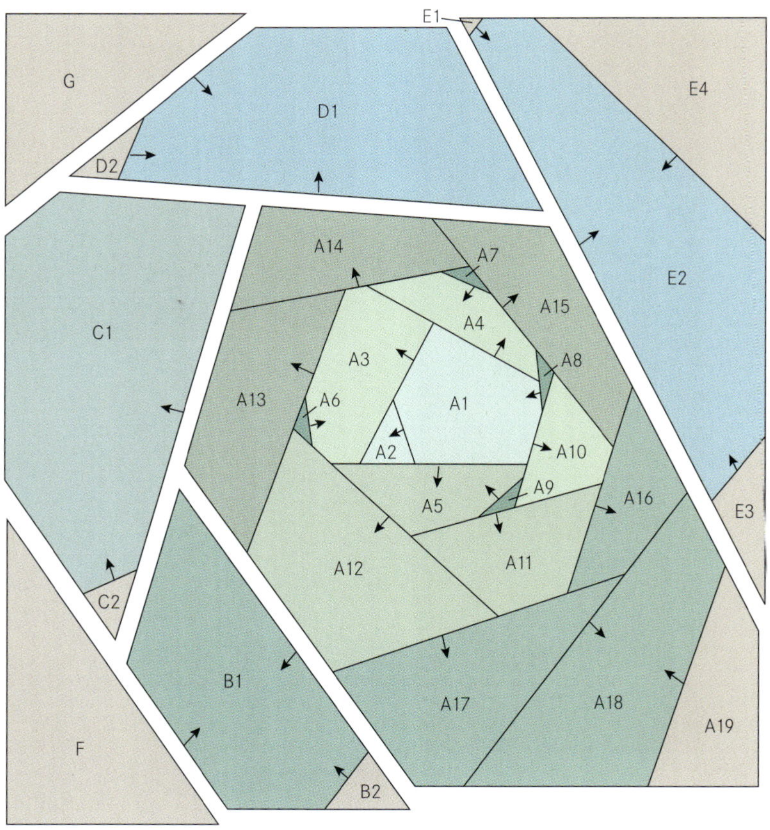

Kohl mit geraden Nähten, Nähschema

Möhren

Gerade Nähte

Möhren mit geraden Nähten

Hätten Sie gewußt, daß Möhren einmal gelb oder schwarz waren? Fast alle heute angebauten Sorten sind orange.

Vielleicht entwickelt ein Züchter irgendwann zu unserer Freude einen Regenbogen von Möhrenfarben.

Dieser Quilt besteht aus drei normalen und drei spiegelbildlichen Blöcken. So entsteht die Illusion einer Spiegelung.

Möhre mit geraden Nähten, Quiltentwurf

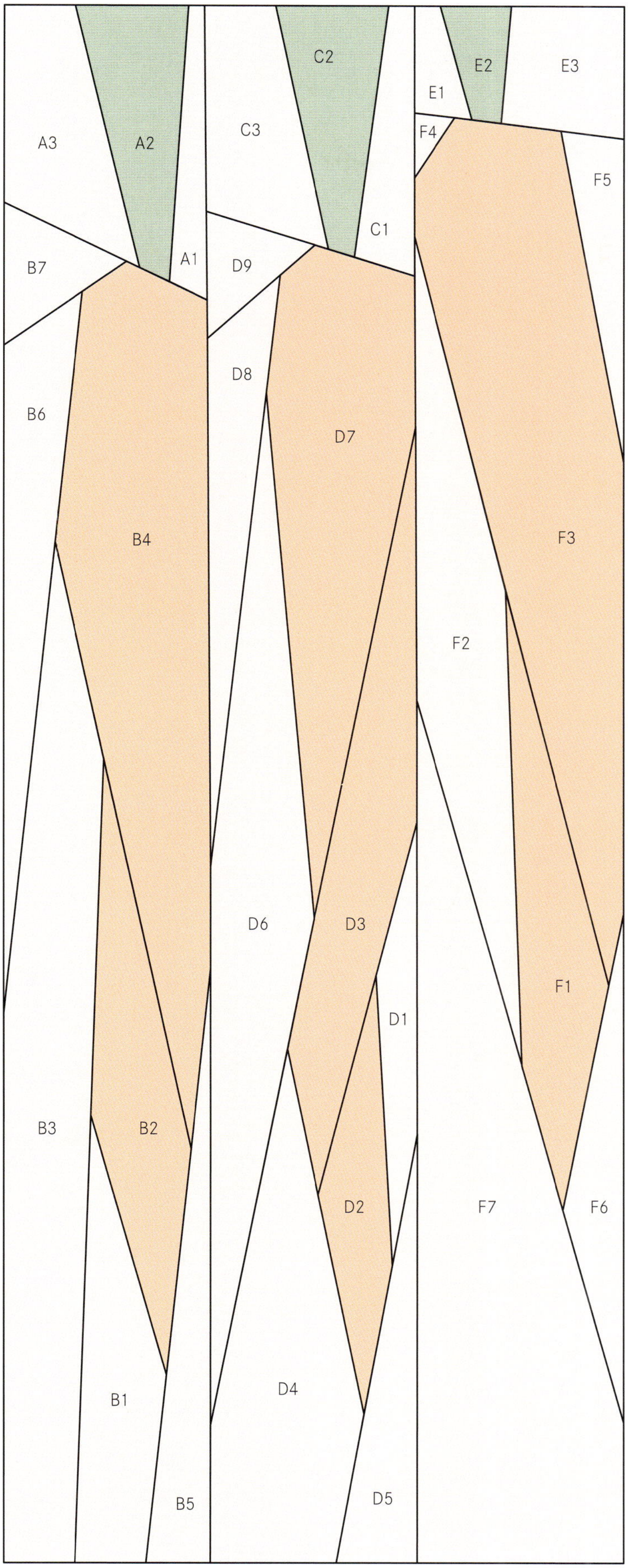

Möhren mit geraden Nähten, Blockmuster. Vergrößern Sie die Vorlage auf 161 %, auf ein 38,1 x 15,2 cm/15 x 6 inch großes Rechteck, siehe Seite 9.

Die drei Möhren dieses Blocks sind jeweils ein Rechteck von 38,1 x 5,1 cm/ 15 x 2 inch Größe. Zusammen bilden sie einen 38,1 x 15,2 cm/15 x 6 inch großen Block. Sie können die Möhren auch anders anordnen, wenn Sie mehr Vielfalt wünschen.

Die vorgeschlagene Größe ist die kleinste nähbare Größe. Leichter wird es mit stärkerer Vergrößerung. Plätten Sie die Nahtzugaben in Pfeilrichtung.

Nähen:
A1 an A2 an A3
B1 an B2 an B3 an B4 an B5 an B6 an B7 an A
C1 an C2 an C3
D1 an D2 an D3 an D4 an D5
D6 an D7 an D8 an D9 an D (1, 2, 3, 4, 5) an C an AB
E1 an E2 an E3
F1 an F2 an F3 an F4 an F5 an F6 an F7 an E an ABCD

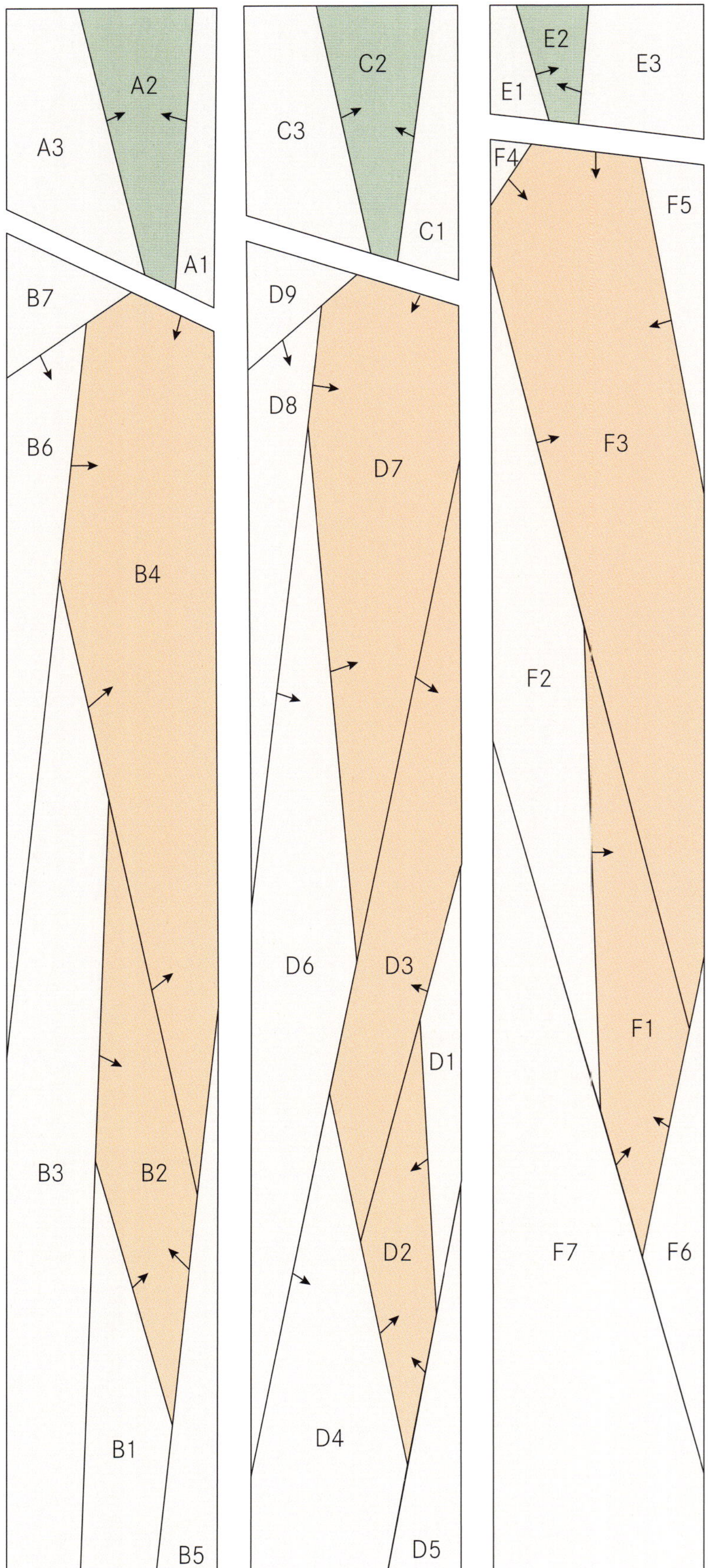

Möhren mit geraden Nähten, Nähschema

Kurvennähte

Möhren mit Kurvennähten

Nur eine einzige Möhre. Mit sechs verschiedenen Stoffen kann man sie von oben bis zur Wurzel farblich gestalten. Wenn Sie das Patchwork vereinfachen möchten, schneiden Sie das Segment (B1, B2, B3, B4, B5 und B6) aus einem einzigen Stoffstück zu. Dies kann uni oder gestreift sein oder einen Farbwertverlauf haben.

In dem kleinen Entwurf habe ich vier Möhrenblöcke und vier spiegelbildliche Blöcke gezeichnet, die wie Treppenstufen nach unten versetzt sind. Am oberen und unteren Rand können Sie die Säulen mit Rechtecken zum fertigen Quilt ergänzen.

Möhren mit Kurvennähten, Entwurf

Die vorgeschlagene Größe ist die kleinste nähbare Größe. Leichter wird es mit stärkerer Vergrößerung. Plätten Sie die Nahtzugaben in Pfeilrichtung.

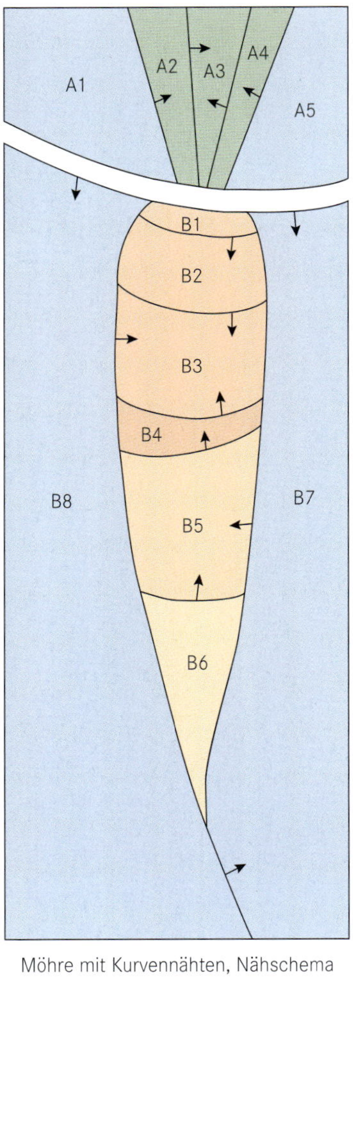

Möhre mit Kurvennähten, Nähschema

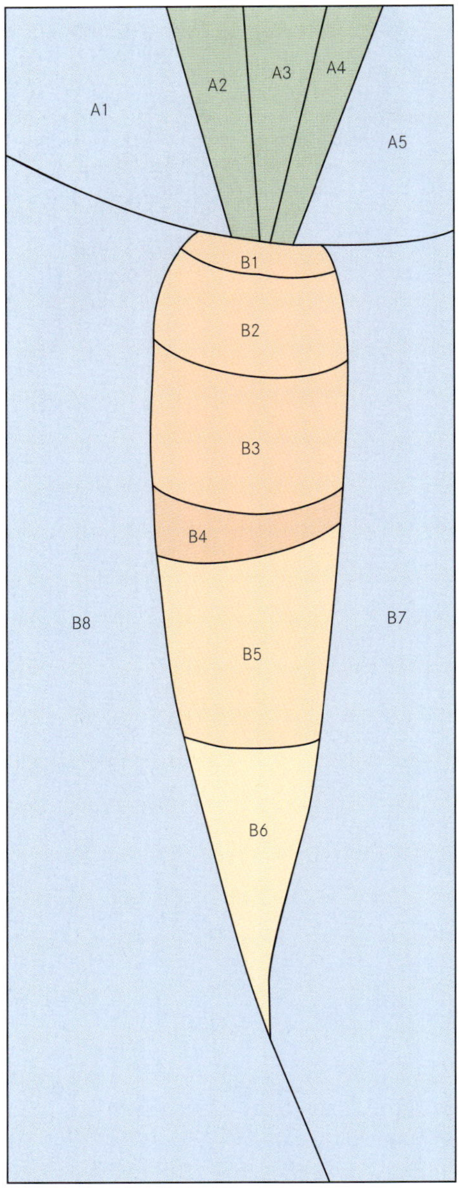

Möhre mit Kurvennähten, Blockmuster
Vergrößern Sie die Vorlage auf 171 %, auf ein 26,7 x 10,2 cm/10½ x 4 inch großes Rechteck, siehe Seite 9.

Nähen:
A1 an A2 an A3 an A4 an A5
B1 an B2 an B3 an B4 an B5 an B6 an B7 an B8 an A

Staudensellerie

Kühl und knackig mit aromatischen Blättern darf der Staudensellerie in vielen Rezepten nicht fehlen. Auch allein ist er ein Genuß.

Gerade Nähte

Staudensellerie mit geraden Nähten

Stoffe mit feinen grünen Streifen lassen sich hier gut einsetzen. Es macht viel Spaß, in den eigenen Vorräten oder im Geschäft nach geeigneten Stoffen für Sellerie und Möhren zu suchen. Seien Sie sehr vorsichtig mit der Oberkante des fertig genähten Blocks. Wegen der vielen Nahtenden am oberen Rand kann sich die Kante schnell verziehen und länger werden. Ob Sie den Block wohl so klein nähen möchten? Sie werden sich vermutlich mit einer Größe von 33 x 16,5 cm / 13 x 6½ inch oder mehr eher anfreunden können.

Diesen Quilt habe ich mit vier normalen und vier spiegelbildlichen Blöcken gestaltet und in jeder Reihe zwei Blöcke umgedreht. Es gibt ein kleines Gedicht über den Sellerie von Ogden Nash, das sich gut als Quiltmuster im Rand ausmachen würde:

Celery, raw
Develops the jaw,
But celery, stewed,
Is more quietly chewed.

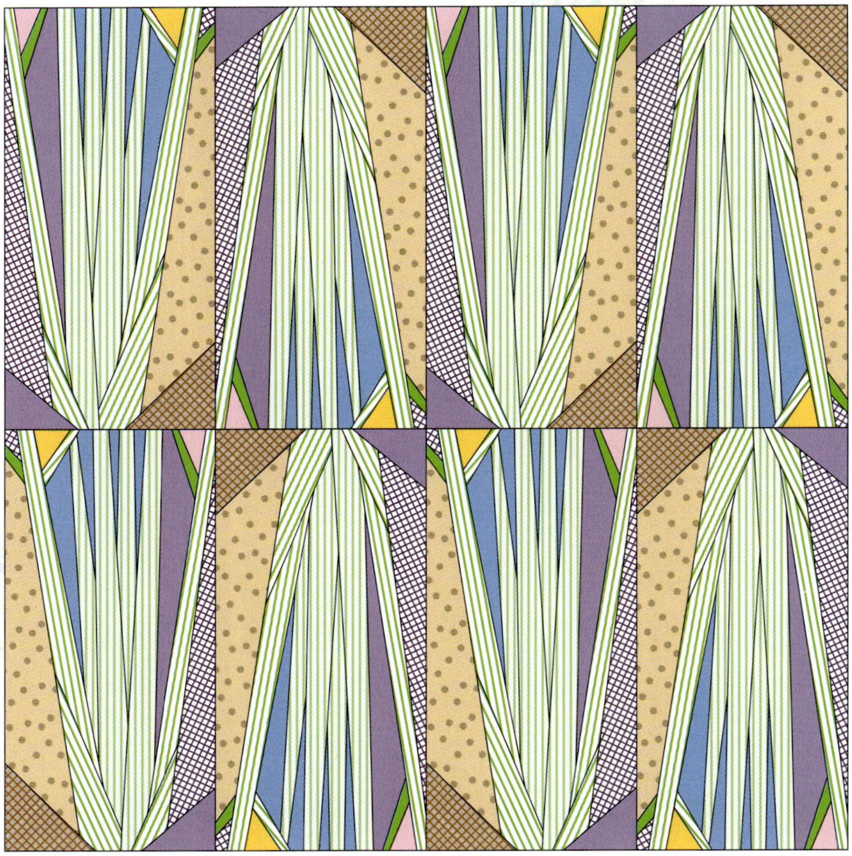

Sellerie mit geraden Nähten, Entwurf

Die vorgeschlagene Größe ist die kleinste nähbare Größe. Leichter wird es mit stärkerer Vergrößerung. Plätten Sie die Nahtzugaben in Pfeilrichtung.

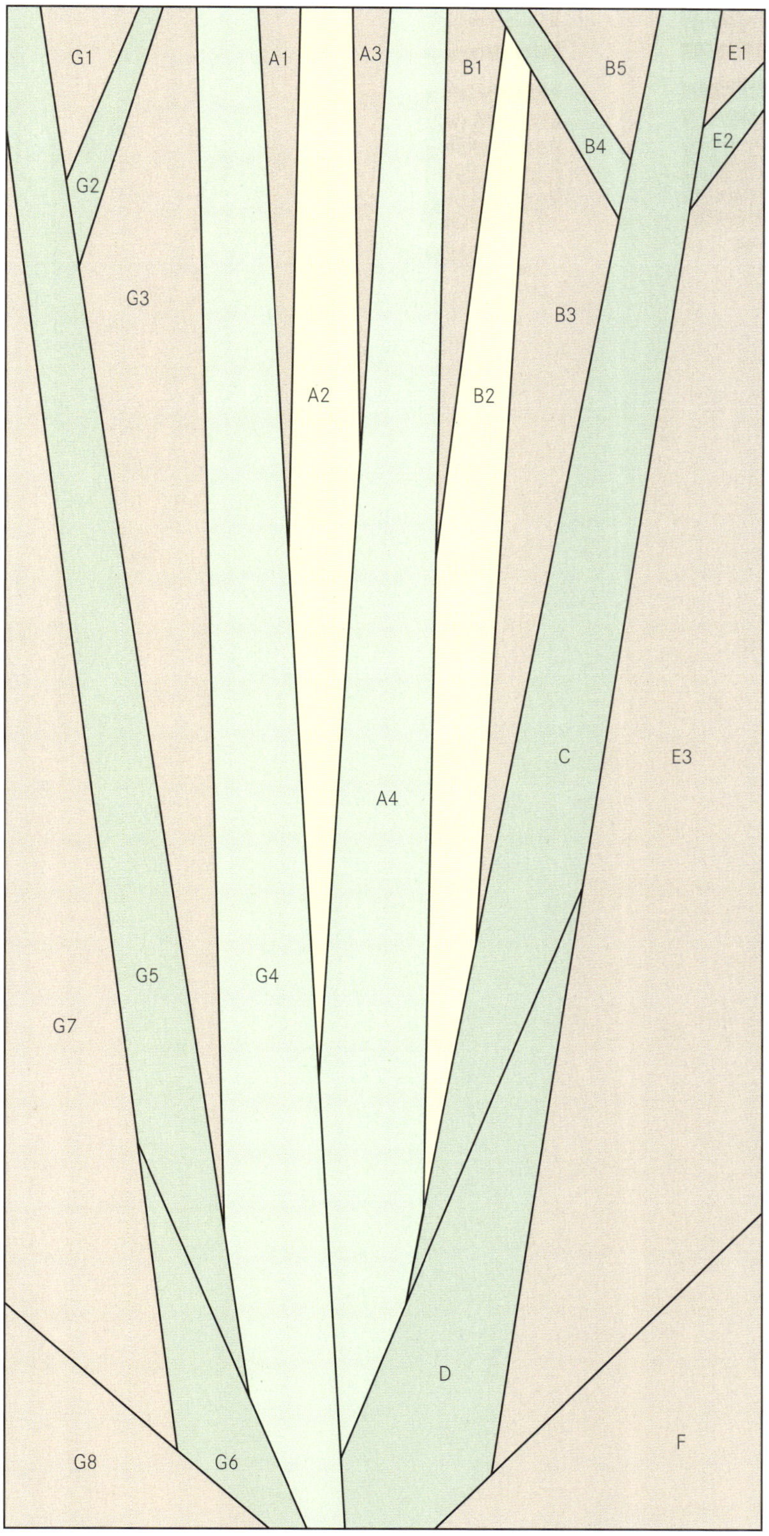

Sellerie mit geraden Nähten, Blockmuster
Vergrößern Sie die Vorlage auf 126 %, auf ein 25,4 x 12,7 cm/10 x 5 inch großes Rechteck, siehe Seite 9.

Nähen:
A1 an A2 an A3 an A4
B1 an B2 an B3 an B4 an B5 an A an C an D
E1 an E2 an E3 an ABCD an F
G1 an G2 an G3 an G4 an G5 an G6 an G7 an G8 an ABCDEF

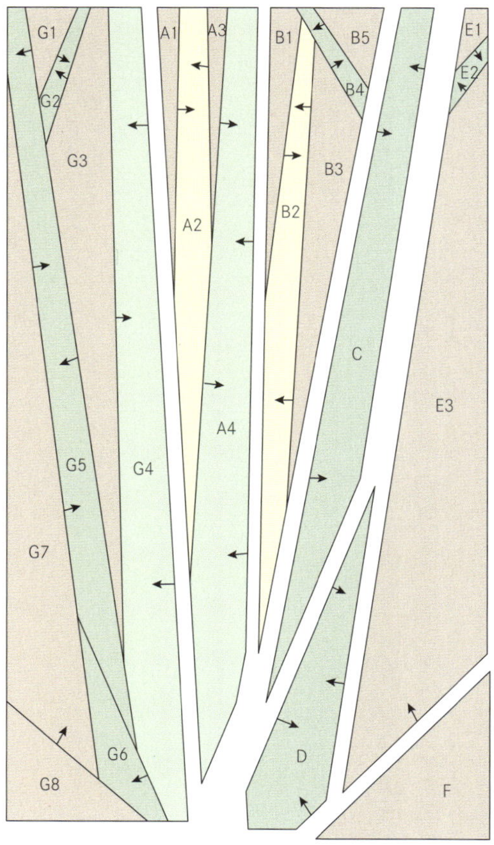

Sellerie mit geraden Nähten, Nähschema

Mais

Spargel ist das erste Frühlingsgemüse und wenn der süße Mais reift, ist der Sommer da! Halten Sie kochendes Wasser bereit, wenn Sie Maiskolben pflücken gehen.

Gerade Nähte

Mais mit geraden Nähten

Mais ist eine amerikanische Pflanze, in der Neuen Welt geboren wie Kartoffeln, Tomaten und Paprika. Wir kennen nicht nur den vertrauten Zuckermais mit den gelben und weißen Körnern, sondern auch Sorten mit blauen, roten, rot-violetten, violetten, orangefarbenen oder auch gestreiften Körnern.

Mais 1, Entwurf mit geraden Nähten

Ich habe die Blöcke wie Flügel eines Windrads angeordnet, mit Quadraten und Rechtecken, die das Design zu einer quadratischen Fläche ergänzen. Die Größe eines Quadrats ergibt sich aus der Differenz von Länge und Breite des rechteckigen Blocks, in diesem Fall 12,7 x 12,7 cm/5 x 5 inch. Dieses Quadrat ist ein „Puzzle-Teil" und wird mit Teilnähten an die anderen Blöcke genäht. Näheres dazu steht bei „Grüne Bohnen" auf Seite 25.

In diesem Entwurf mit geraden Nähten sind die verzwirbelten und gedrehten Blätter viel stärker herausgearbeitet, auch ist der Block insgesamt etwas größer. Mir gefällt vor allem das diagonale Blatt, das nach rechts oben zeigt, entgegen der Richtung des Maiskolbens.

In diesem Entwurf sind die Hälfte der Blöcke seitenverkehrt; die waagerechten Reihen sind um einen Block versetzt, so daß sich ein spiegelbildlicher Block über einem normalen Block befindet und umgekehrt.

Mais 2, Entwurf mit geraden Nähten

Ich habe einen einfachen Block mit geraden Nähten entworfen, für den es einige Gestaltungsmöglichkeiten gibt. Es kann ein schlichter Block sein wie abgebildet. Die Teilstücke A1, A3, B1, B3, B5, B6 und C2 können aus verschiedenen grünen Stoffen geschnitten werden, um einen ungeschälten Maiskolben darzustellen. Man kann das Teilstück B5 aus einem gelben, weißen oder gelb-weißen Stoff für einen halb geschälten Maiskolben, oder die Körner (B5) aus einem roten, gelben, blauen, weißen oder bunten karierten Stoff schneiden, damit es wie getrockneter Ziermais aussieht. In diesem Fall sollten die Teilstücke A1, A3, B1, B3, B6 und C2 die helle Strohfarbe von getrockneten Maisblättern haben. Teilstück B4 stellt immer die seidigen Narbenfäden dar, die bei jungem Mais hell gelbgrün sind und dunkelbraun bei den reifen Früchten.

Um den Block noch weiter zu verändern, können Sie als Hülsenblatt eine verstürzte Patte arbeiten, die vom Teilstück B5 wegklappt. Auf der nächsten Seite lernen Sie, wie man das macht.

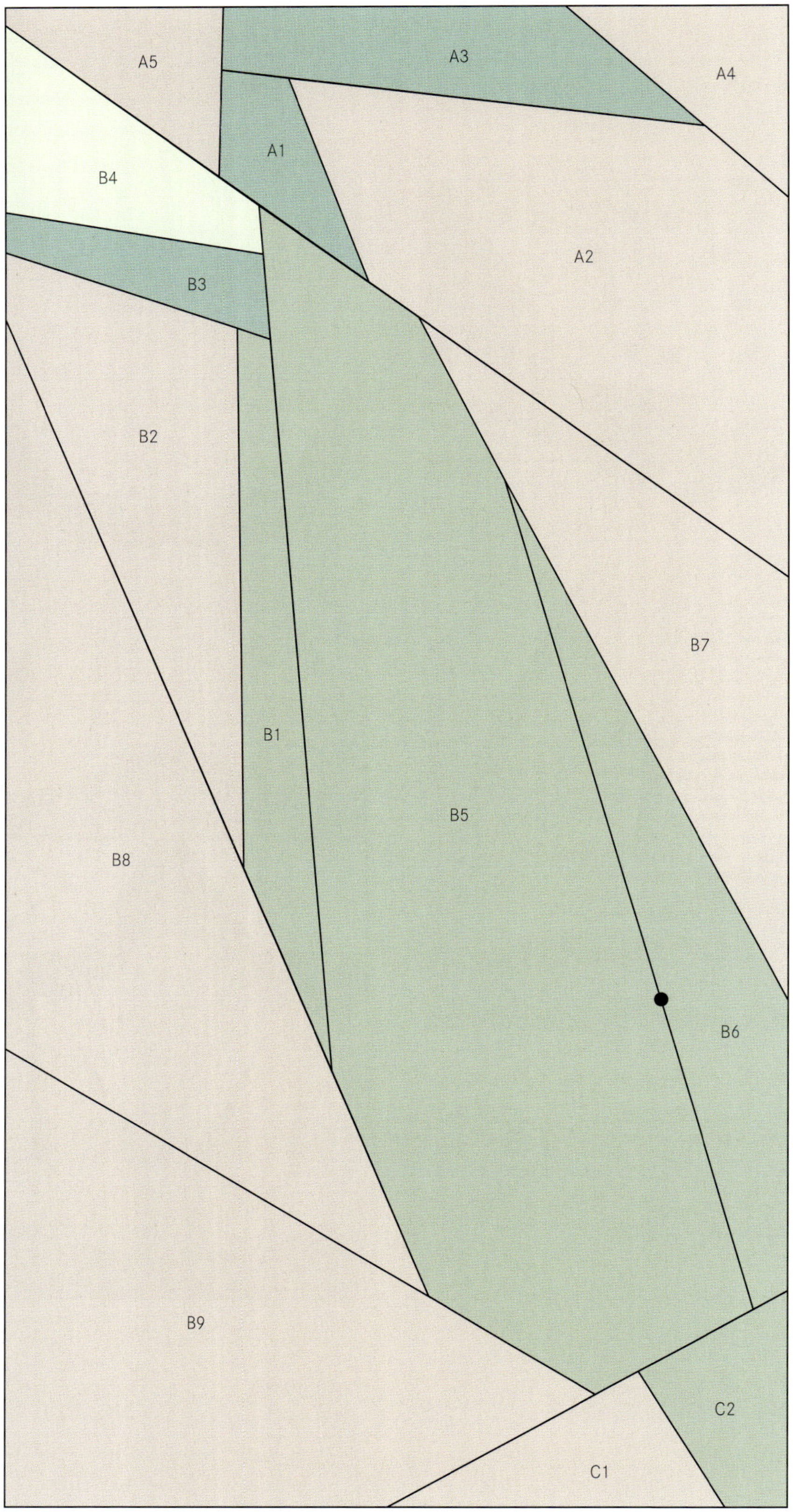

Mais 1 mit geraden Nähten, Blockmuster
Vergrößern Sie die Vorlage auf 126 %, auf ein 26,7 x 14 cm/ 10½ x 5½ inch großes Rechteck, siehe Seite 9.

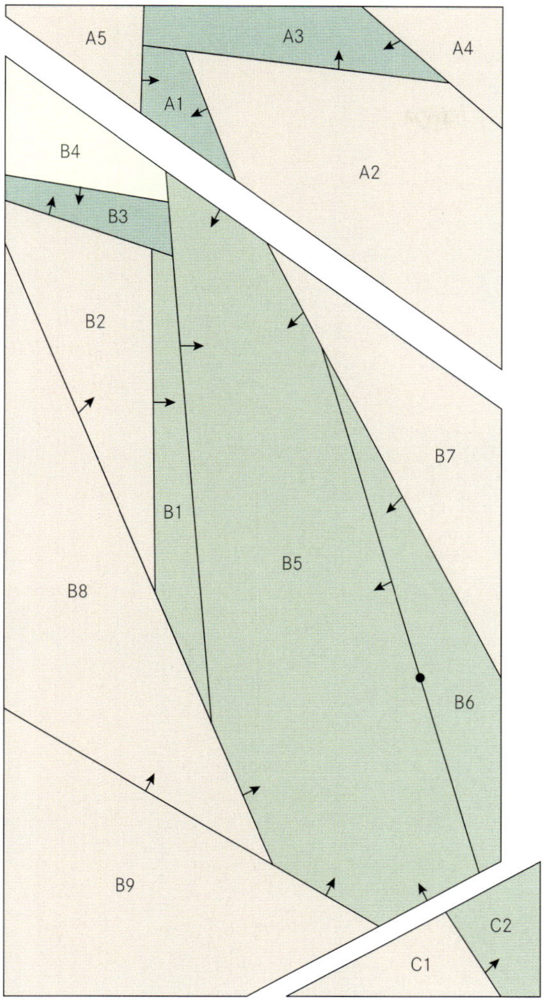

Mais 1 mit geraden Nähten, Nähschema

Nähen:
A1 an A2 an A3 an A4 an A5
B1 an B2 an B3 an B4 an B5 an B6
an B7 an B8 an B9
C1 an C2 an B an A

1. *Nähen Sie die verstürzte Patte aus zwei rechts auf rechts gelegten Stoffen.*

2. *Patte auf rechts wenden und quilten.*

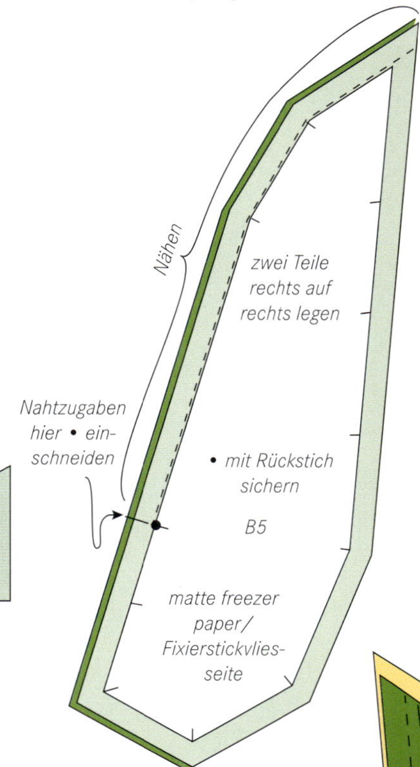

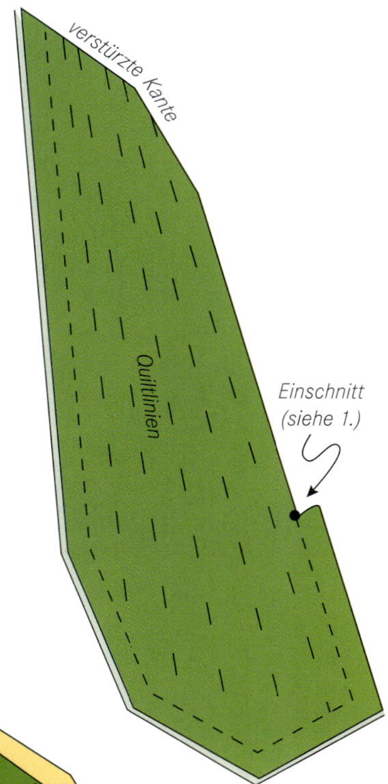

Patte für ein Kelchblatt

3. *Gequiltete Patte auf rechts an das B5-Körner-Teilstück stecken.*

4. *Nähen Sie weiter und fassen Sie die offenen Kanten von B5 mit in die Pattennaht. Lassen Sie die verstürzte Kante lose hängen.*

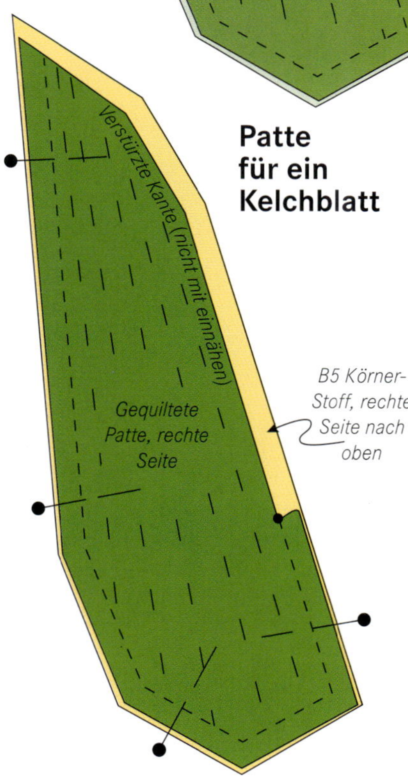

Die vorgeschlagene Größe ist die kleinste nähbare Größe. Leichter wird es mit stärkerer Vergrößerung. Plätten Sie die Nahtzugabe in Pfeilrichtung.

Der Block läßt sich auf vielfältige Weise farblich gestalten, wobei C2 ein Kelchblatt oder die Körner darstellt.

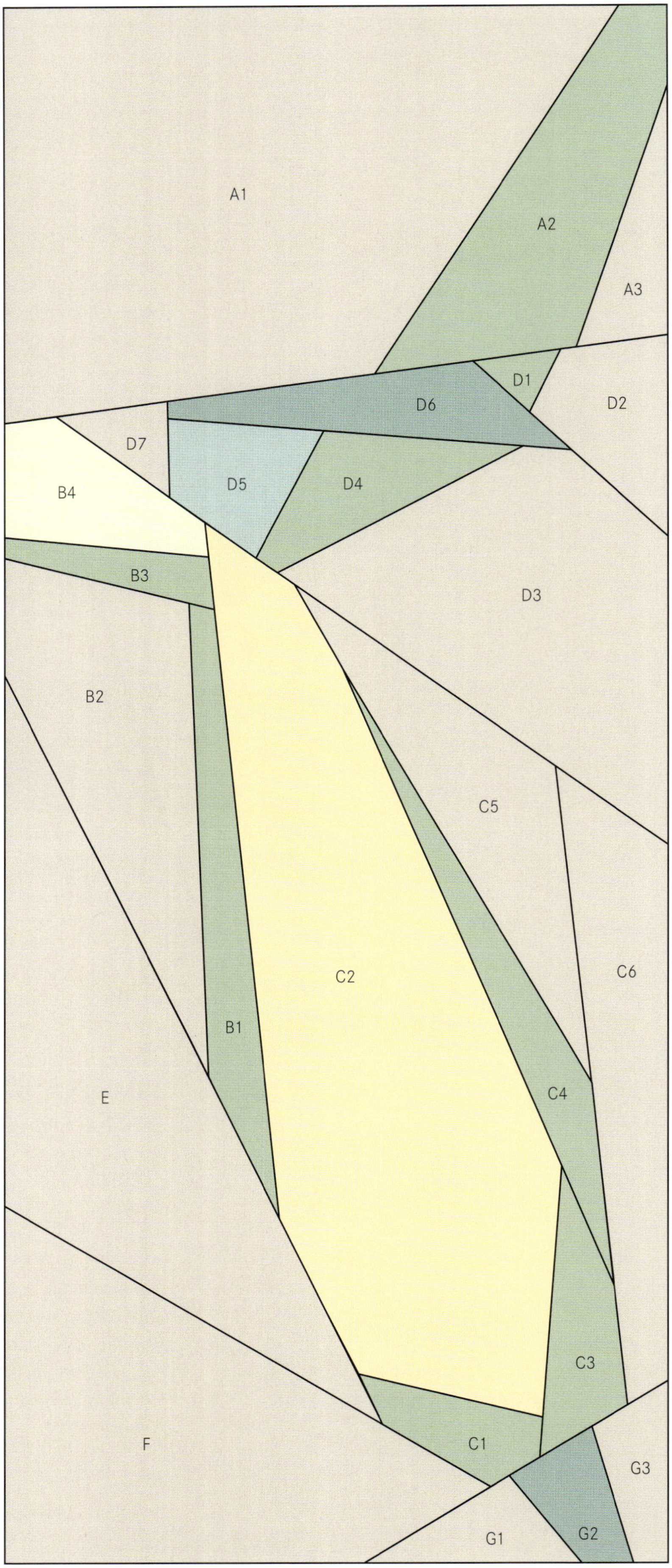

Die vorgeschlagene Größe ist die kleinste nähbare Größe. Leichter wird es mit stärkerer Vergrößerung. Plätten Sie die Nahtzugabe in Pfeilrichtung.

Mais 2 mit geraden Nähten, Blockmuster
Vergrößern Sie die Vorlage auf 147%,
auf ein 35,6 x 15,2 cm/14 x 6 inch großes
Rechteck, siehe Seite 9.

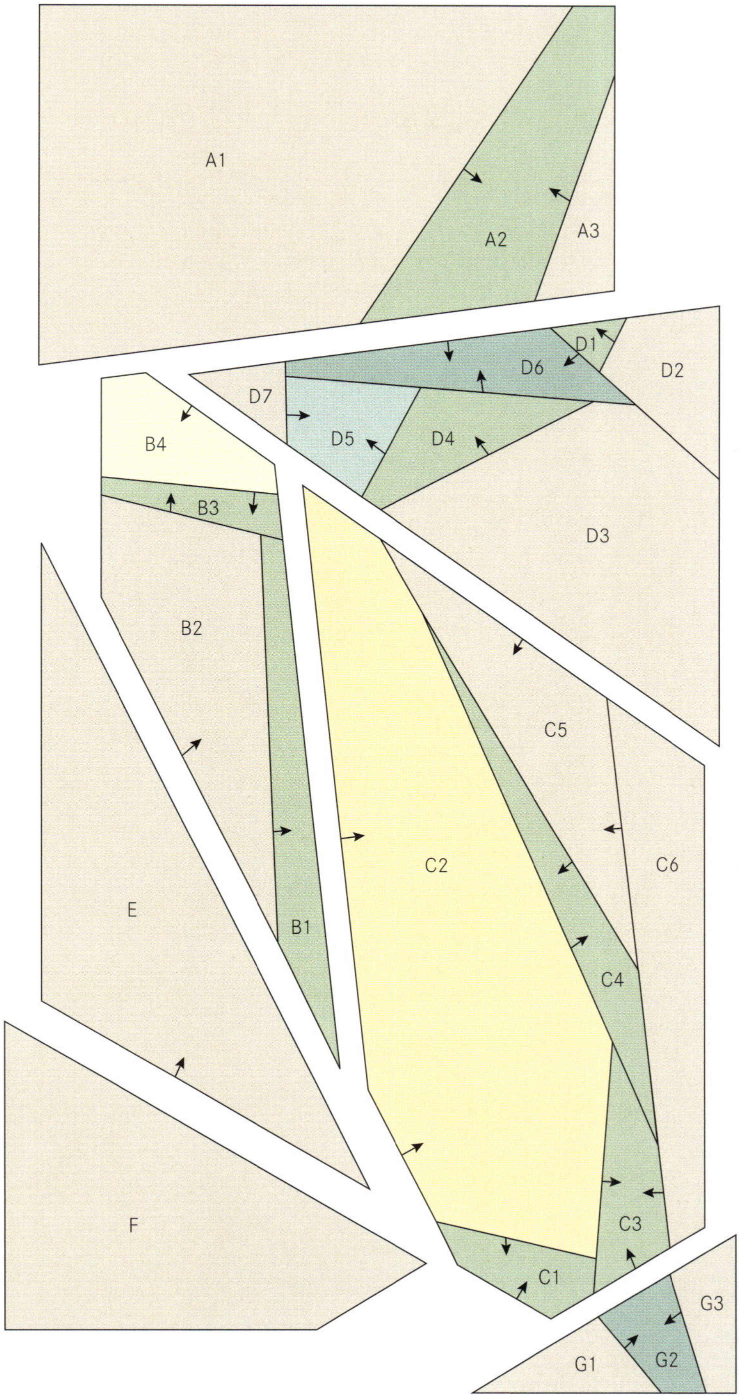

Mais 2 mit geraden Nähten, Nähschema

Nähen:
A1 an A2 an A3
B1 an B2 an B3 an B4
C1 an C2 an C3 an C4 an C5 an C6 an B
D1 an D2
D3 an D4 an D5 an D6 an D7 an D (1,2) an BC an A
G1 an G2 an G3
ABCD an E an F an G

Kurvennähte

Mais mit Kurvennähten

Ganz sanfte Kurven ergeben ein elegantes Muster, das an den Art-Nouveau-Stil erinnert. Wenn es noch mehr vergrößert wird als vorgeschlagen (auf 203%, ein 49,5 x 19 cm/$19\frac{1}{2}$ x $7\frac{1}{2}$ inch großes Rechteck), kann es ein sehr schöner Wandquilt werden.

Ich schlage Ihnen zwei verschiedene Entwürfe vor. Der erste ähnelt Mais 2. Der zweite ist sehr ungewöhnlich aufgebaut und wird mit mehreren Teilnähten zusammengenäht.

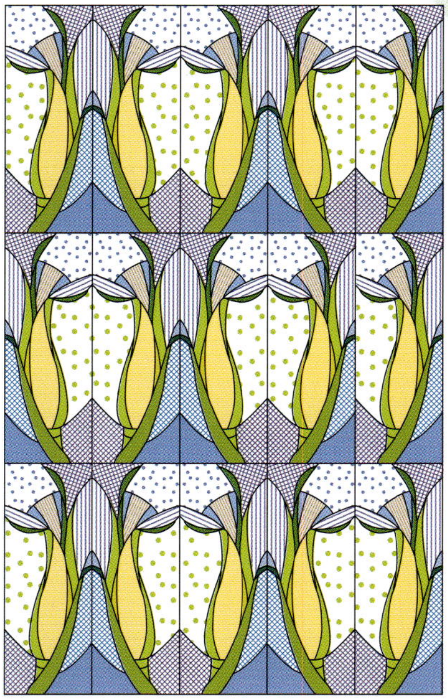

Mais mit Kurvennähten, Entwürfe

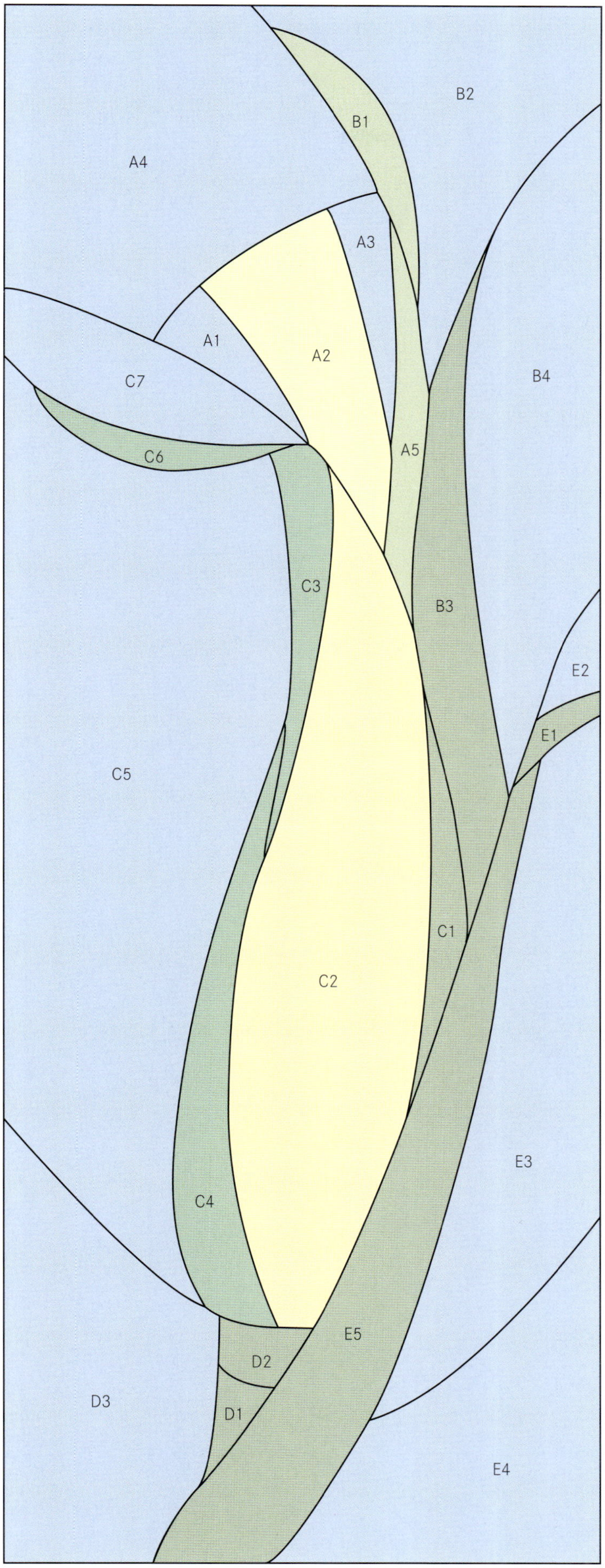

Die vorgeschlagene Größe ist die kleinste nähbare Größe. Leichter wird es mit stärkerer Vergrößerung. Plätten Sie die Nahtzugaben in Pfeilrichtung.

Mais mit Kurvennähten, Blockmuster
Vergrößern Sie die Vorlage auf 135 %, auf ein 33 x 12,7 cm/13 x 5 inch großes Rechteck, siehe Seite 9.

Nähen:
A1 an A2 an A3 an A4 an A5
B1 an B2, B3 an B4 an B (1, 2) an A
C1 an C2 an C3, C4 an C5 an C (1, 2, 3) an C6 an C7 an AB
D1 an D2 an D3 an ABC
E1 an E2, E3 an E4 an E5 an E (1, 2) an ABCD

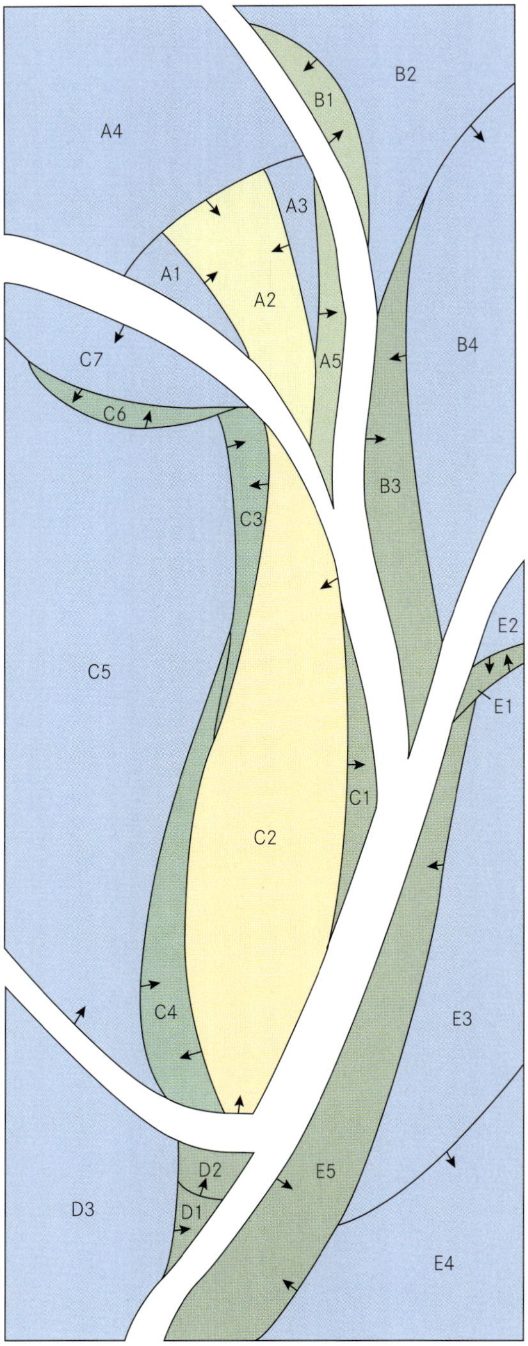

Mais mit Kurvennähten, Nähschema

Aubergine

Gerade Nähte

Aubergine mit geraden Nähten

Der Entwurf mit geraden Nähten stellt eine schlanke Auberginenform dar, die Entwürfe mit Kurvennähten haben eine üppigere Form. Außer den dunkelvioletten Auberginen, die man meist im Laden sieht, gibt es auch gestreift hellviolette und ganz kleine weiße Auberginen, die genau wie weiße Hühnereier aussehen.

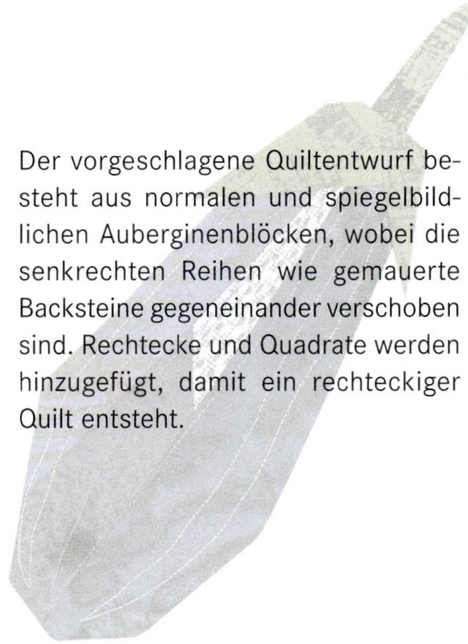

Der vorgeschlagene Quiltentwurf besteht aus normalen und spiegelbildlichen Auberginenblöcken, wobei die senkrechten Reihen wie gemauerte Backsteine gegeneinander verschoben sind. Rechtecke und Quadrate werden hinzugefügt, damit ein rechteckiger Quilt entsteht.

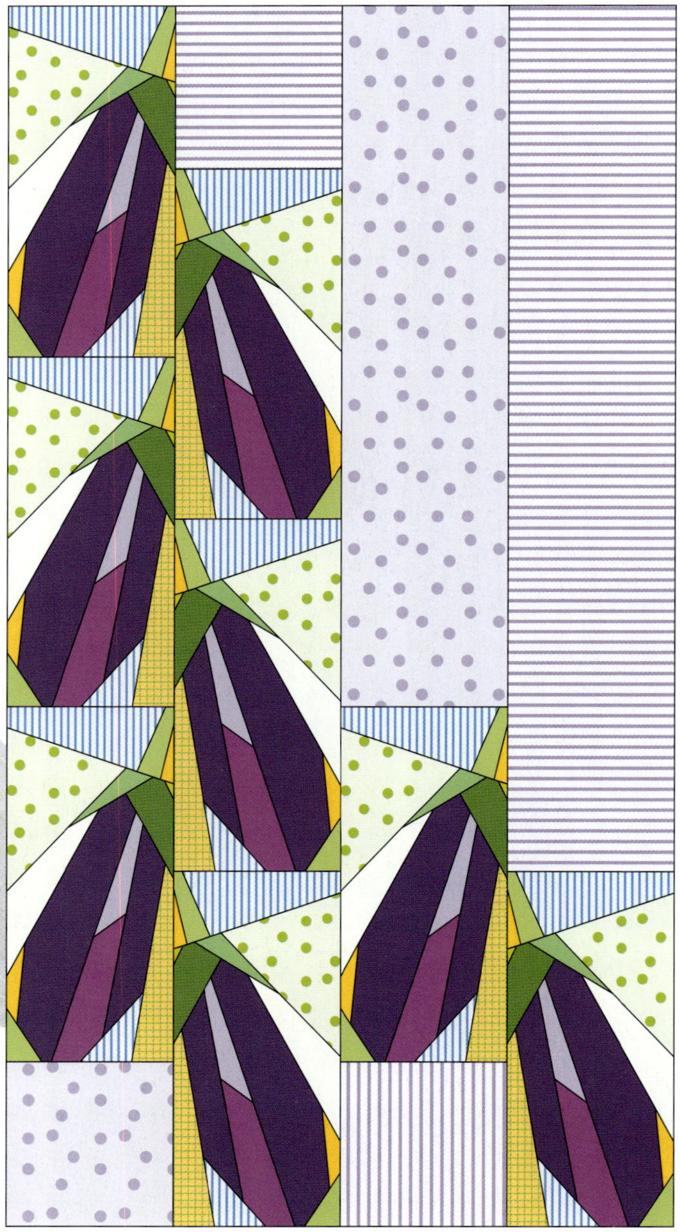

Aubergine mit geraden Nähten, Entwurf

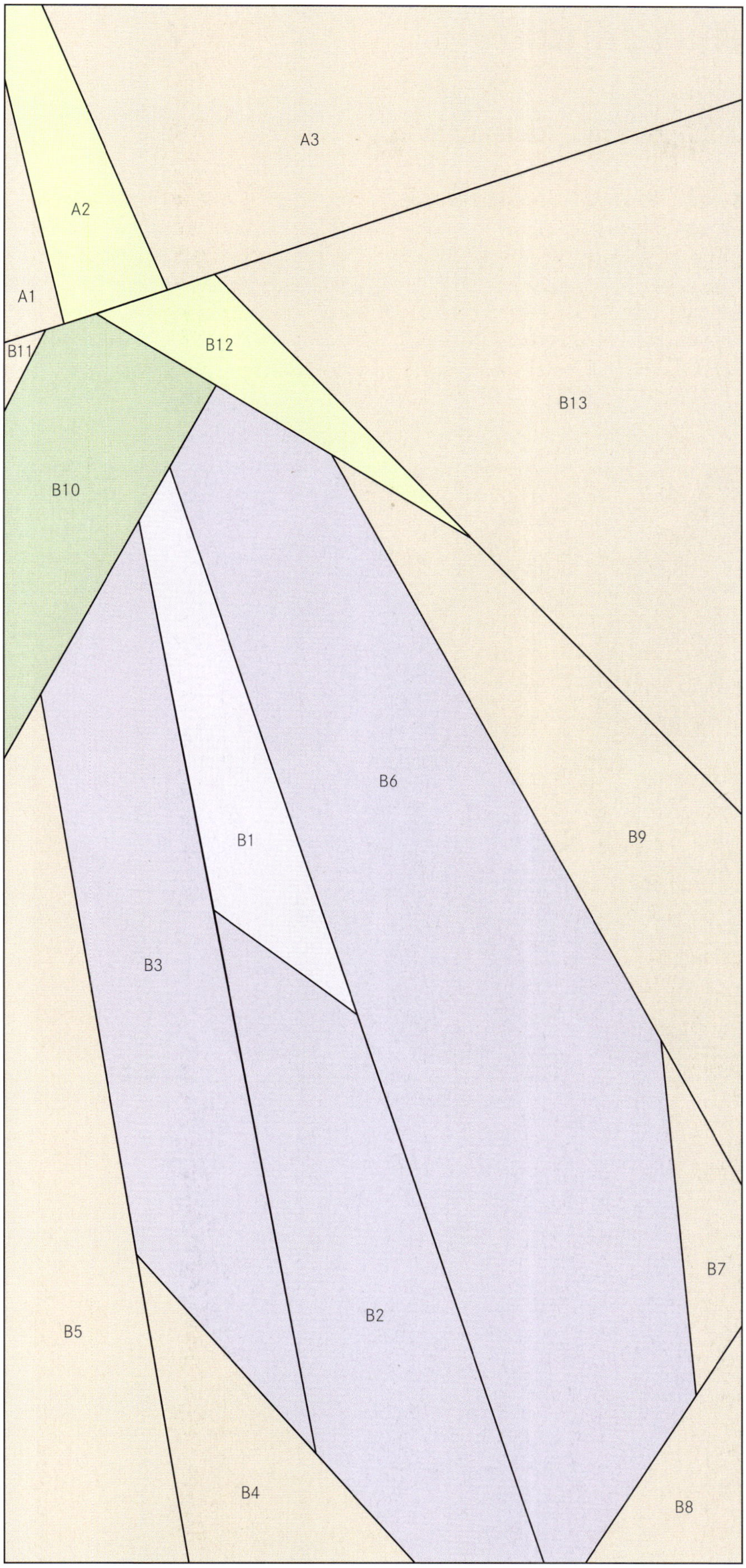

Aubergine mit geraden Nähten, Blockmuster. Vergrößern Sie die Vorlage auf 114 %, auf ein 26,7 x 12,7 cm/10½ x 5 inch großes Rechteck, siehe Seite 9.

Wenn es Ihnen gelingt, den perfekten Stoff zu finden, dunkelviolett mit hellen Glanzlichtern, können Sie die Teilstücke B1, B2, B3 und B6 in einem Stück zuschneiden. Falls Ihnen dieser perfekte Stoff fehlt, wählen Sie ein helles Glanzlicht für B1, und dunklere Violett-Töne für B2, B3 und B6.

Die vorgeschlagene Größe ist die kleinste nähbare Größe. Leichter wird es mit stärkerer Vergrößerung. Plätten Sie die Nahtzugaben in Pfeilrichtung.

Nähen:
A1 an A2 an A3
B1 an B2 an B3 an B4 an B5 an B6 an B7 an B8
an B9 an B10 an B11 an B12 an B13 an A

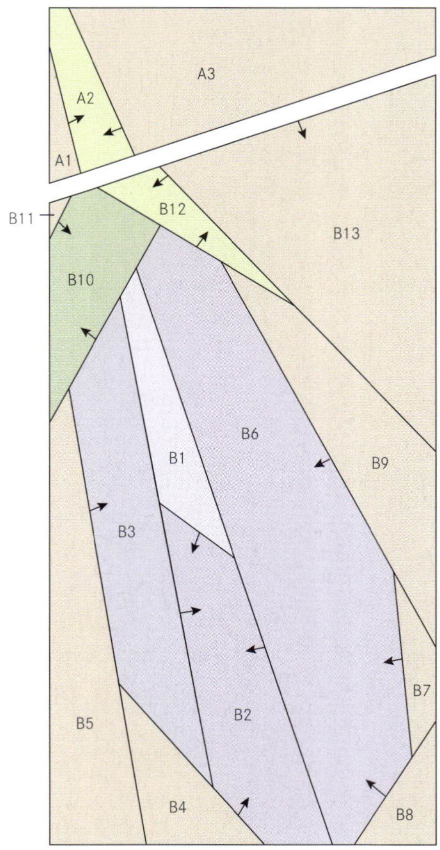

Aubergine mit geraden Nähten, Nähschema

Kurvennähte

Aubergine mit Kurvennähten

Ein paar Kurvennähte dieses Blocks sind S-Kurven, teils konkav und dann konvex. Erleichtern Sie sich die Arbeit, und teilen Sie die Kurvennaht in Abschnitte und nähen zuerst den Abschnitt mit dem konkaven (eingeschnittenen) Kurventeil nach oben, nehmen die Arbeit aus der Maschine, drehen sie um und nähen den nächsten konkaven Abschnitt, wieder mit dem eingeschnittenen Kurventeil nach oben. Ich selbst kann Kurven besser nähen, wenn ich die eingeschnittene Nahtzugabe im Blick habe.

Dieser Entwurf besteht aus Original-Blöcken und ihren Spiegelbildern.

Aubergine mit Kurvennähten, Entwurf

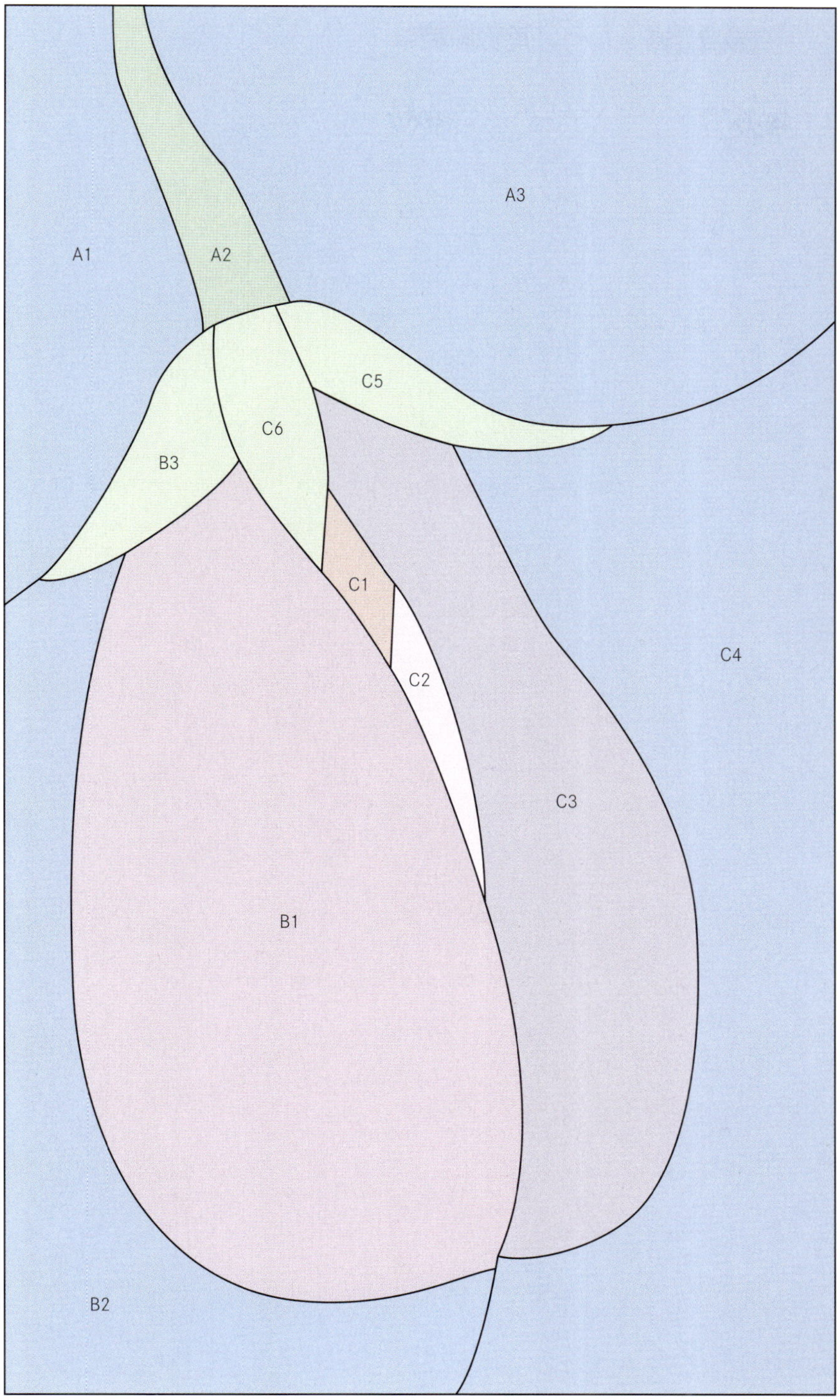

Aubergine mit Kurvennähten, Blockmuster
Vergrößern Sie die Vorlage auf 137 %, auf ein 25,4 x 15,2 cm/10 x 6 inch großes Rechteck, siehe Seite 9.

Die vorgeschlagene Größe ist die kleinste nähbare Größe. Leichter wird es mit stärkerer Vergrößerung. Plätten Sie die Nahtzugaben in Pfeilrichtung.

Nähen:
A1 an A2 an A3
B1 an B2 an B3
C1 an C2 an C3 an C4 an C5 an C6
an B an A

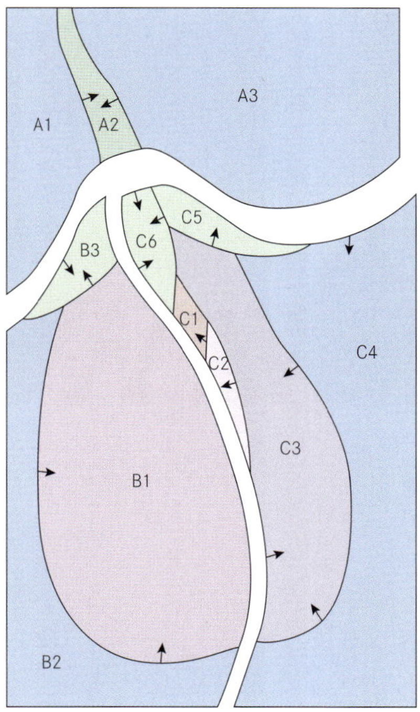

Aubergine mit Kurvennähten, Nähschema

Lauch

Gerade Nähte

Lauch mit geraden Nähten

Der Block mit den geraden Nähten ist auf *freezer paper*/Fixierstickvlies sehr leicht zu nähen. Fransen aus dickem weißem Garn, am unteren Ende der hellen Stange, können die „Wurzeln" sein.

Hier habe ich Blöcke paarweise zu Quadraten zusammengenäht und sie dann im Windmühlenmuster angeordnet. Die Windmühlen oben links und unten rechts sind das Originalmuster, oben links und unten rechts sind ihre paarigen Spiegelbilder. So entstehen in der Mitte des Quilts waagerechte und senkrechte Spiegelachsen.

Ich schaue mir gerne genau an, wie Pflanzen sich in ihren Wachstumsstadien verändern. Die flachen grünen Lauchblätter wachsen aus der weißen Stange genau wie die Ecken eines Log-Cabin-Blocks heraus.

Lauch mit geraden Nähten, Entwurf

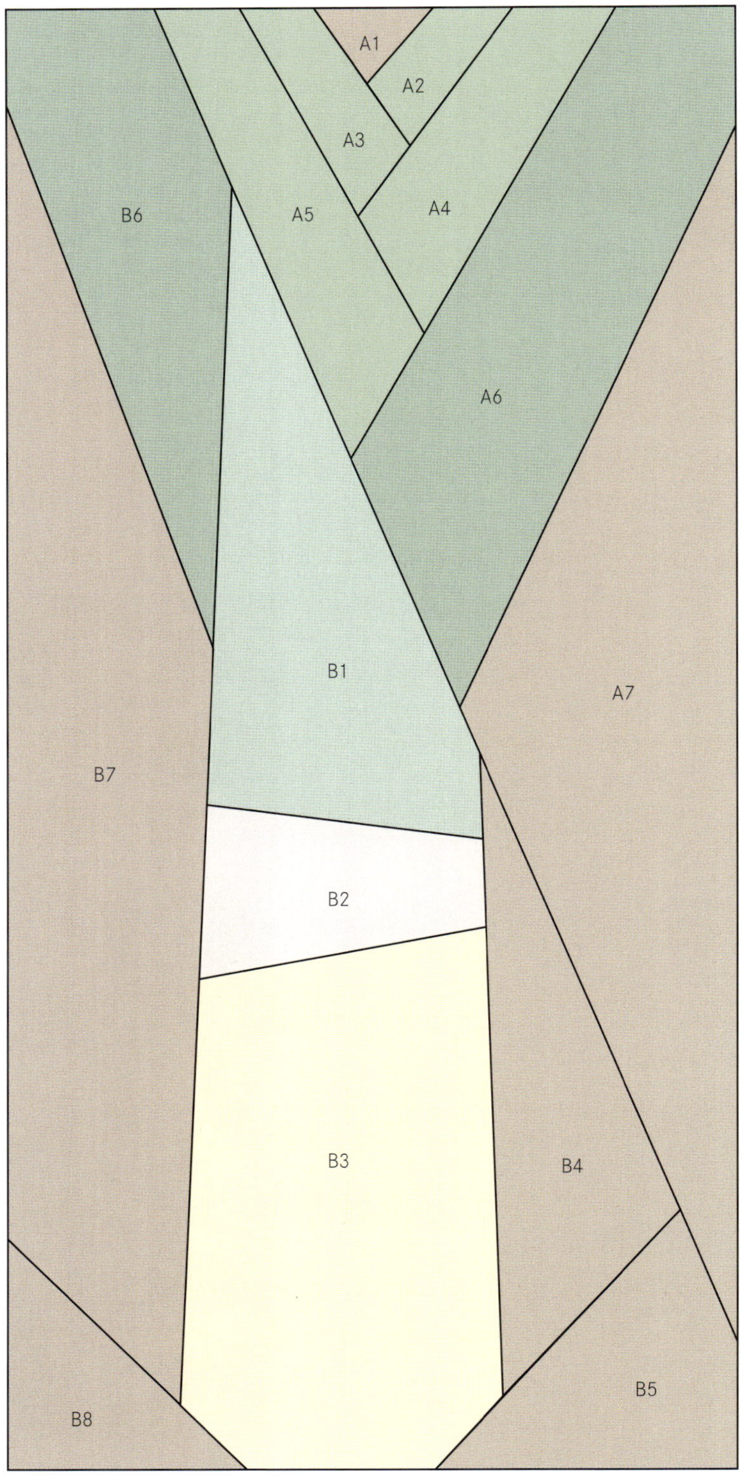

Lauch mit geraden Nähten, Blockmuster
Vergrößern Sie die Vorlage auf 105 %, auf ein 20,3 x 10,2 cm/8 x 4 inch großes Rechteck, siehe Seite 9.

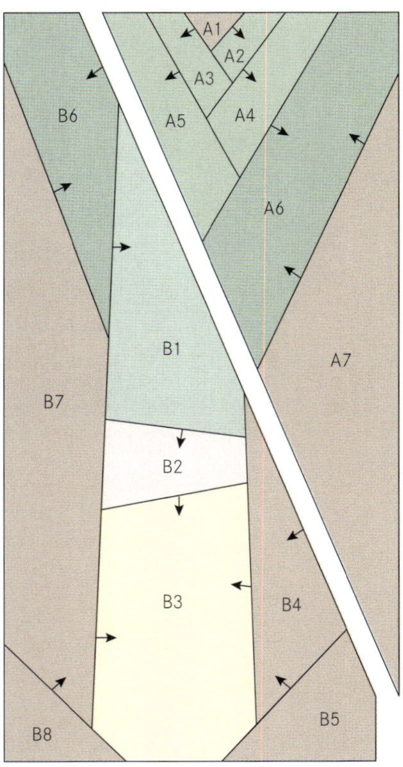

Lauch mit geraden Nähten, Nähschema

Nähen:
A1 an A2 an A3 an A4 an A5 an A6 an A7
B1 an B2 an B3 an B4 an B5
B6 an B7 an B (1, 2 ,3, 4, 5) an B8 an A

Die vorgeschlagene Größe ist die kleinste nähbare Größe. Leichter wird es mit stärkerer Vergrößerung. Plätten Sie die Nahtzugaben in Pfeilrichtung.

Kurvennähte

Lauch mit Kurvennähten

Der Quilt setzt sich aus normalen und spiegelbildlichen Blöcken zusammen, die wie Säulen arrangiert sind. Die obere Reihe besteht aus Blöcken im Originalmuster, mit den Blättern nach oben und nach unten zeigend. Diese Reihe macht sich auch gut als Rand. Die zweite Reihe ist das Spiegelbild der ersten, beginnend mit den Lauchblättern nach unten gerichtet.

Der Block mit Kurvennähten hat ein kleines Extra für die Wurzeln, aus einem fein gestreiften Stoff geschnitten.

Lauch mit Kurvennähten, Entwurf

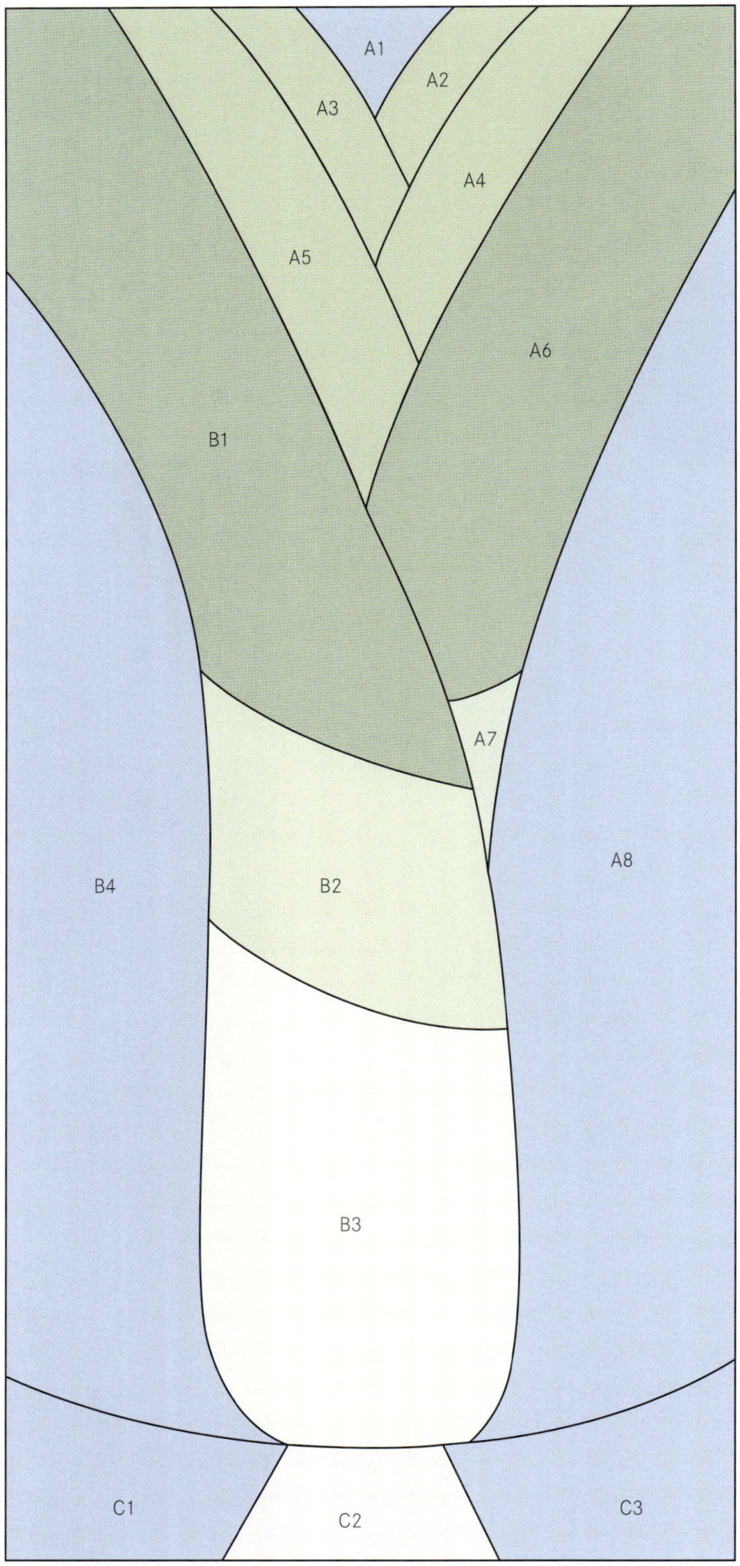

Lauch mit Kurvennähten, Blockmuster

Vergrößern Sie die Vorlage auf 105 %, ein 21,6 x 10,2 cm/8½ x 4 inch großes Rechteck, siehe Seite 9.

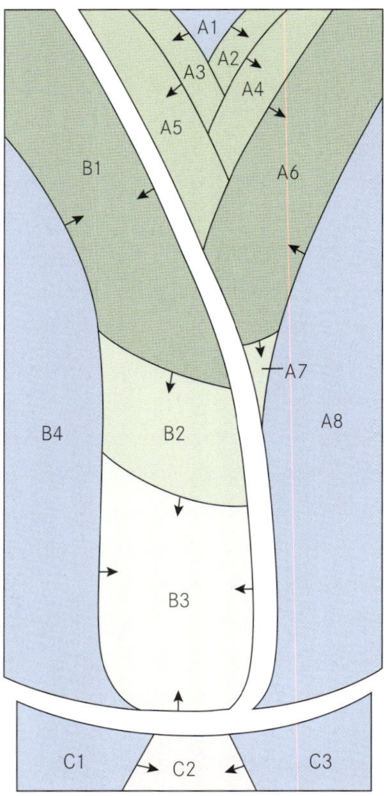

Lauch mit Kurvennähten, Nähschema

Nähen:
A1 an A2 an A3 an A4 an A5 an A6 an A7 an A8
B1 an B2 an B3 an B4 an A
C1 an C2 an C3 an AB

Die vorgeschlagene Größe ist die kleinste nähbare Größe. Leichter wird es mit stärkerer Vergrößerung. Plätten Sie die Nahtzugaben In Pfeilrichtung.

Salat

Wir kennen viele verschiedene Salatsorten, nicht nur den Eisbergsalat. Die unzähligen Grüntöne der Salatblätter reichen von Sahnegelb über Blaßgrün, zu leuchtendem oder dunklem Grün, und zu Kombinationen von Grün und Rot.

Gerade Nähte

Römersalat mit geraden Nähten

Römersalat wird für *Caesar Salad* gebraucht. Die dicken, knackigen Blattrippen heben sich fast weiß von den intensiv dunkelgrünen Blättern ab.

Quilten Sie diesen Block mit der Maschine und arbeiten die Blattstruktur mit lockerem Stippling heraus.

Römersalat mit geraden Nähten, Entwurf

Ich habe Blöcke im originalen und im spiegelbildlichen Muster angeordnet, mit dem Kopf aufrecht oder auf dem Kopf stehend. Wenn man den Hintergrund aus unterschiedlichen Stoffen arbeitet, bekommt er seine eigene Rolle im Gesamtmuster. Das ist einer der Vorzüge des Patchwork.

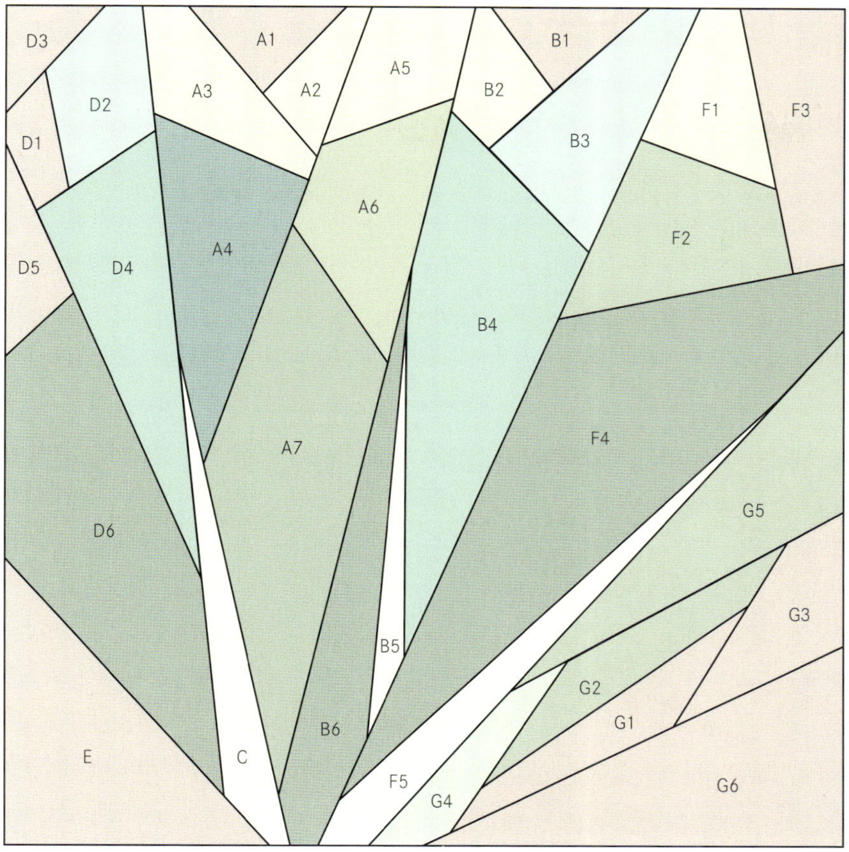

Römersalat mit geraden Nähten, Blockmuster
Vergrößern Sie die Vorlage auf 228 %, auf ein 25,4 x 25,4 cm/10 x 10 inch großes Quadrat, siehe Seite 9.

Die vorgeschlagene Größe ist die kleinste nähbare Größe. Leichter wird es mit stärkerer Vergrößerung. Plätten Sie die Nahtzugaben in Pfeilrichtung.

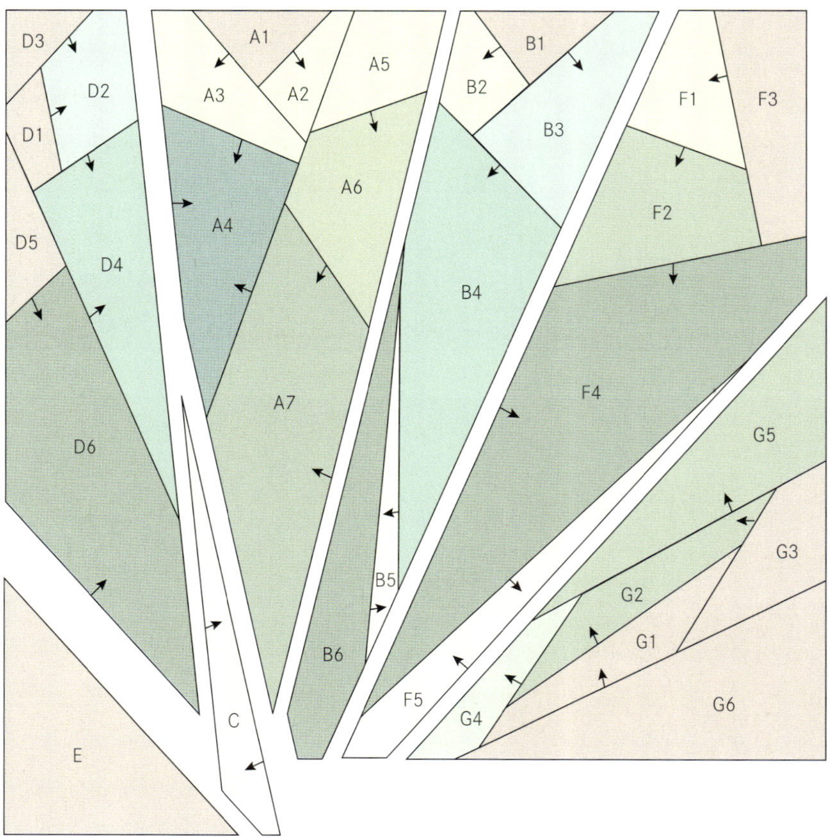

Römersalat mit geraden Nähten, Nähschema

Nähen:
A1 an A2 an A3 an A4 an A5 an A6 an A7 an A (1, 2, 3, 4)
B1 an B2 an B3 an B4 an B5 an B6 an A an C
D1 an D2 an D3 an D4, D5 an D6 an D (1, 2, 3, 4)
ABC an D an E
F1 an F2 an F3 an F4 an F5 an ABCDE
G1 an G2 an G3 an G4 an G5 an G6 an ABCDEF

Kurvennähte

Kopfsalat mit Kurvenähten

Kopfsalat gehört zu den Blattsalaten. Seine Blätter bilden keinen lockeren, sondern einen dicht geschlossenen Kopf, ähnlich dem Kohl. Auch Eisbergsalat gehört zur Familie der Blattsalate. Salatblätter sind viel zarter als Kohlblätter. Das habe ich versucht, durch sanfte Kurvennähte auszudrücken und nicht, wie beim Kohlkopf, durch gerade Nähte. Die sanften Kurven machen diesen Block natürlich viel schwieriger zu nähen als den Kohl.

Ich habe Blöcke im originalen und im spiegelbildlichen Muster angeordnet, mit dem Kopf aufrecht oder auf dem Kopf stehend. Wenn man den Hintergrund aus unterschiedlichen Stoffen arbeitet, bekommt er seine eigene Rolle im Gesamtmuster. Das ist einer der Vorzüge des Patchwork. Den ersten Entwurf habe ich nur mit Original-Blockmustern gestaltet (ohne spiegelbildliche Blöcke). Jeweils zwei Blöcke haben ein Farbschema für den Hintergrund und sind wie Windmühlenflügel um ein kleines Quadrat angeordnet. Das Quadrat ist ein „Puzzle-Teil". Wie das gemacht wird, steht auf Seite 25.

Beim zweiten Entwurf wählte ich einen Farbverlauf für den Hintergrund der Originalblöcke und einen anderen für die spiegelbildlichen Blöcke. Achten Sie auf die Spiegelungen entlang der Mittellinie zwischen den senkrechten Reihen.

Kopfsalat mit Kurvennähten, Entwürfe

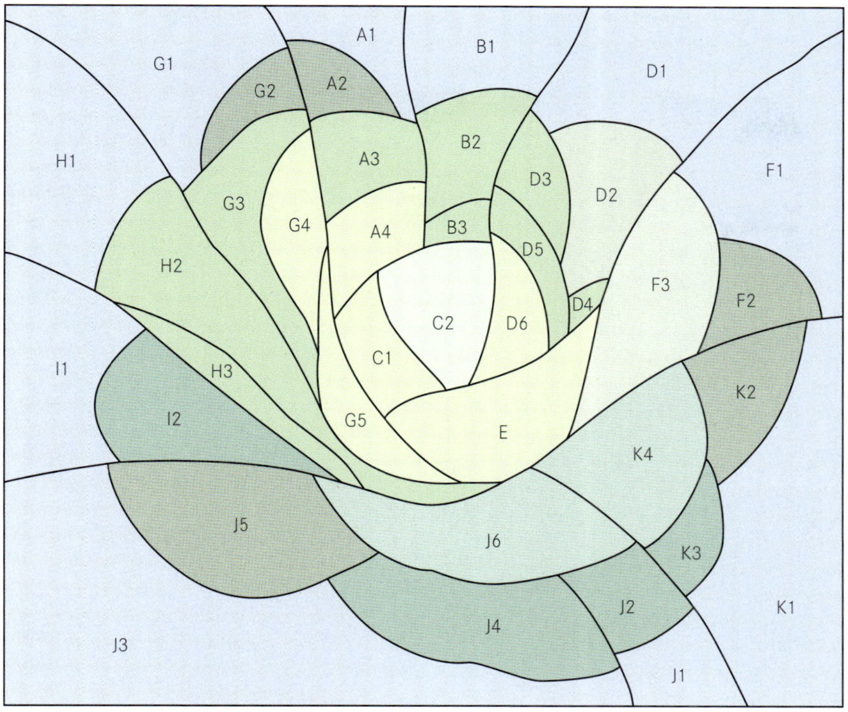

Kopfsalat mit Kurvennähten, Blockmuster
Vergrößern Sie die Vorlage auf 274 %, auf ein 25,4 x 30,5 cm/10 x 12 inch großes Rechteck, siehe Seite 9.

Die vorgeschlagene Größe ist die kleinste nähbare Größe. Leichter wird es mit stärkerer Vergrößerung. Plätten Sie die Nahtzugaben in Pfeilrichtung.

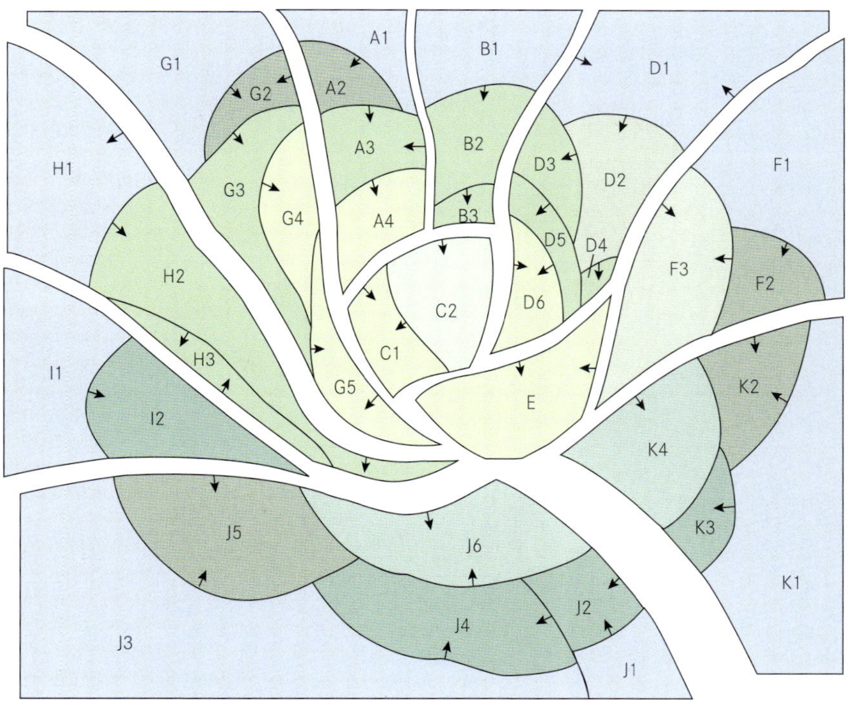

Kopfsalat mit Kurvennähten, Nähschema

Nähen:
A1 an A2 an A3 an A4
B1 an B2 an B3 an A
C1 an C2 an AB
D1 an D2 an D3 an D4, D5 an D6 an ABC
ABCD an E
F1 an F2 an F3 an ABCDE
G1 an G2 an G3 an G4 an G5 an ABCDEF
H1 an H2 an H3 an ABCDEFG
I1 an I2 an ABCDEFGH
K1 an K2 an K3 an K4
J1 an J2, J3 an J4 an J5 an J (1, 2) an J6 an K
ABCDEFGHI an JK

Zwiebeln

Weiße, gelbe, hellbraune oder rote Zwiebeln, viele Farben stehen zur Auswahl. Finden Sie einen Stoff mit verschlungenem Muster, damit die runde Form fast greifbar erscheint.

Gerade Nähte

Zwiebeln mit geraden Nähten

Weiße, gelbe, hellbraune oder rote Zwiebeln, Sie haben eine Menge Stoffe zu ihrer Gestaltung. Finden Sie einen Stoff mit linearem Muster, um Einzelheiten der Zwiebel darzustellen.

Das Quilt-Layout setzt sich aus dem Originalblock und seinem Spiegelbild zusammen. Das Farbschema ist bei allen Blöcken gleich. Haben Sie gemerkt, wie abwechslungsreicher ein Design ist, wenn es verschiedene Farben im Bildhintergrund aufweist?

Zwiebel mit geraden Nähten, Entwurf

Suchen Sie Streifenstoffe für die Teilstücke A1 und A3 aus. Markieren Sie die Streifenrichtung auf der matten Fixierstickvlies-Seite als Orientierungshilfe beim Auflegen der Schablonen. Dieser Block ist einer der technisch einfachsten im Buch.

Die vorgeschlagene Größe ist die kleinste nähbare Größe. Leichter wird es mit stärkerer Vergrößerung. Plätten Sie die Nahtzugaben in Pfeilrichtung.

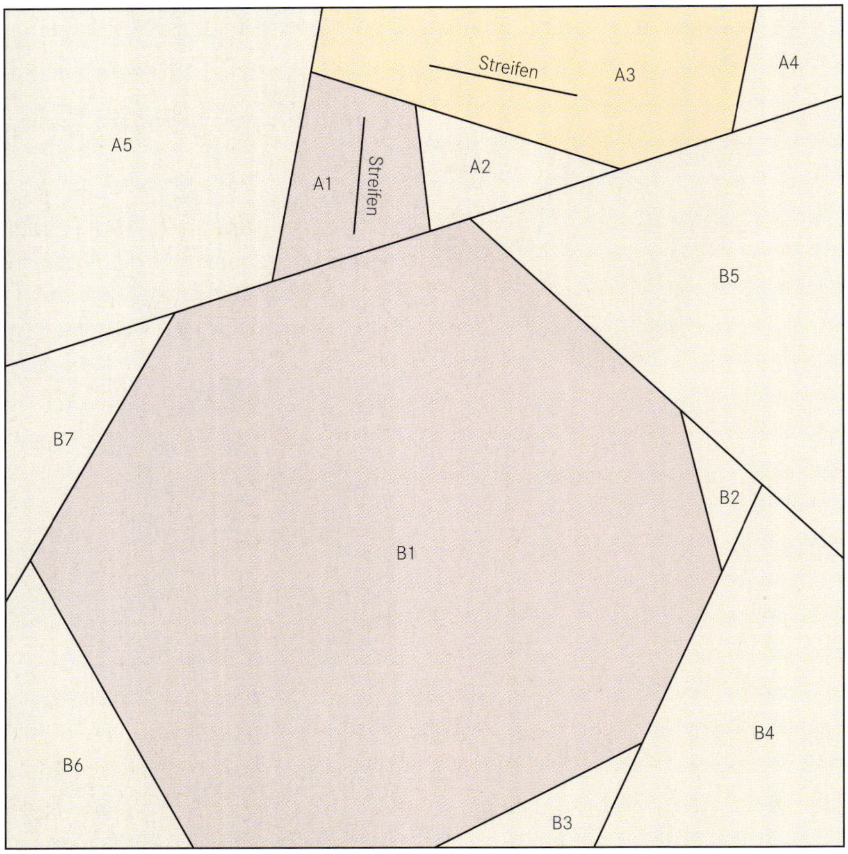

Zwiebel mit geraden Nähten, Blockmuster. Vergrößern Sie die Vorlage auf 114 %, auf ein 12,7 x 12,7 cm/5 x 5 inch großes Quadrat, siehe Seite 9.

Nähen:
A1 an A2 an A3 an A4 an A5
B1 an B2 an B3 an B4 an B5 an B6 an B7 an A

Ich habe die Blöcke wie Flügel eines Windrads angeordnet, mit Quadraten und Rechtecken, die das Design zu einer quadratischen Fläche ergänzen. Die Größe eines Quadrats ergibt sich aus der Differenz von Länge und Breite des rechteckigen Blocks, in diesem Fall 12,7 x 12,7 cm/5 x 5 inch. Dieses Quadrat ist ein „Puzzle-Teil“ und wird mit Teilnähten an die anderen Blöcke genäht. Näheres dazu steht bei „Grüne Bohnen“ auf Seite 25.

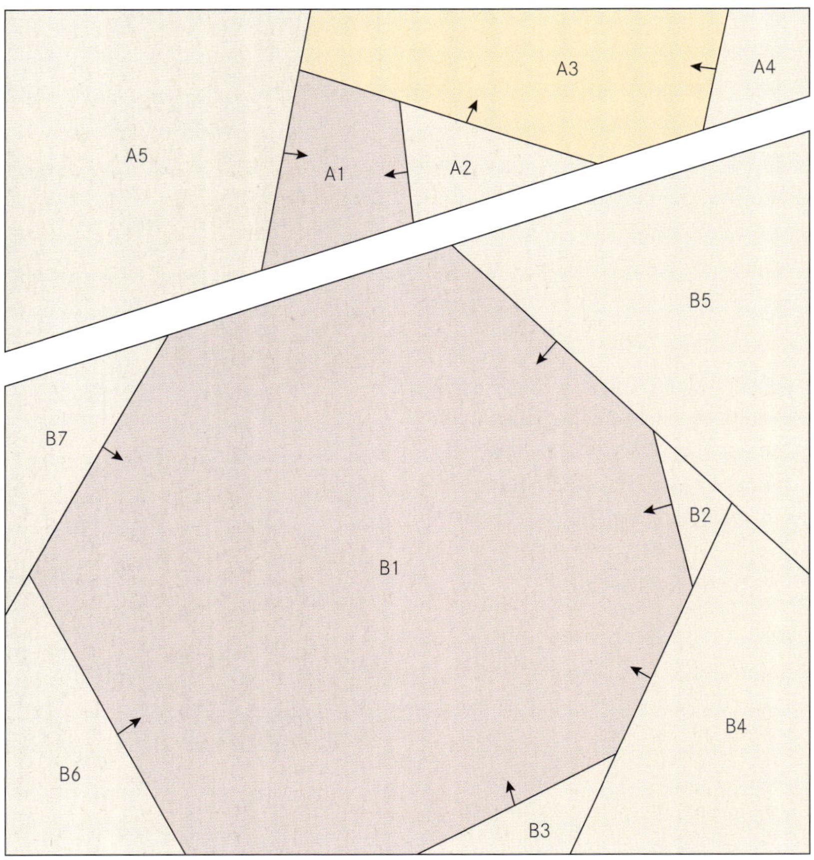

Zwiebel mit geraden Nähten, Nähschema

Kurvennähte

Zwiebeln mit Kurvenähten

Noch ein Entwurf mit Kurvennähten, der an Art-Nouveau-Design erinnert. Der Block ist schwieriger zu nähen als der Zwiebelblock mit geraden Nähten.

Hier ist Quilt aus neun Blöcken. Die drei Blöcke der mittleren Reihe zeigen das Originalmuster, die sechs Blöcke der oberen und unteren Reihe das Spiegelbild. Das obere Ende der Zwiebel zeigt immer nach oben. Achten Sie auf den Schwung des senkrecht verlaufenden Musters in der Mitte jeder vertikalen Reihe.

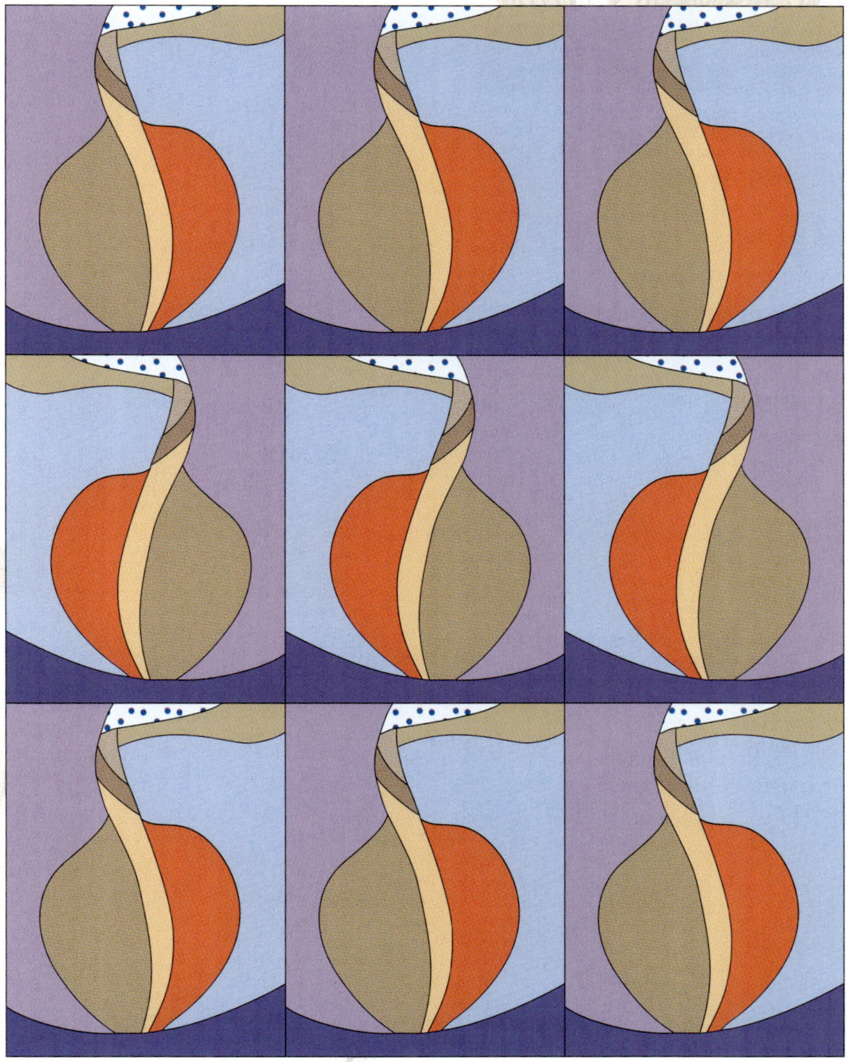

Zwiebel mit Kurvennähten, Entwurf

Wenn Sie diesen Block auf die doppelte Mindestgröße (auf 382 %) zu einem 50,8 x 40,6 cm/20 x 16 inch großen Rechteck vergrößern, wird das schon ein netter kleiner Wandquilt. Arbeiten Sie mit Quiltstichen, per Hand oder Maschine, die Streifen der Zwiebelschale und die kleinen Wurzeln (Teil E) aus wie bei einer echten Zwiebel.

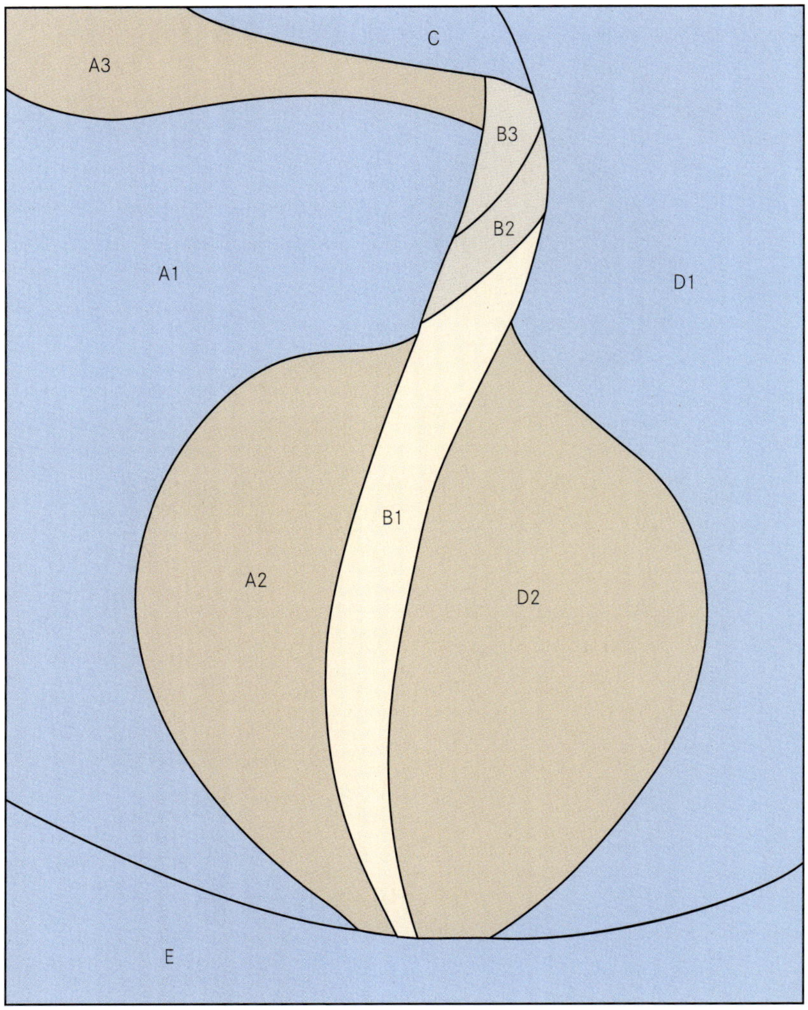

Zwiebel mit Kurvennähten, Blockmuster. Vergrößern Sie die Vorlage auf 192 %, ein 25,4 x 20,3 cm/10 x 8 inch großes Rechteck, siehe Seite 9.

Die vorgeschlagene Größe ist die kleinste nähbare Größe. Leichter wird es mit stärkerer Vergrößerung. Plätten Sie die Nahtzugaben in Pfeilrichtung.

Nähen:
A1 an A2 an A3
B1 an B2 an B3 an A an C
D1 an D2 an ABC
ABCD an E

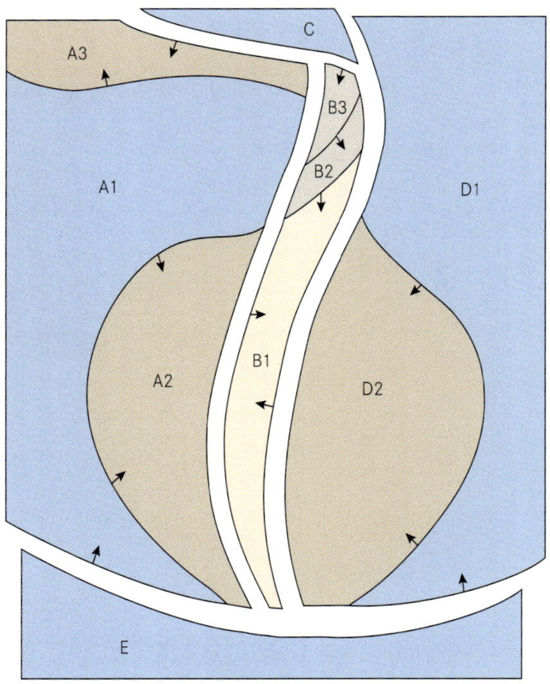

Zwiebel mit Kurvennähten, Nähschema

Erbsen

Gerade Nähte

Erbsen mit geraden Nähten

Nur acht Teile! Suchen Sie für die fünf Hintergrundteile verschiedene Stoffe aus und für die Kelchblätter (Teile 8 und 6) ein etwas dunkleres Grün als für die Schote. Mit etwas Glück finden Sie vielleicht einen großgepunkteten Stoff, aus dem Sie Teil 1, die Erbsen in der Schote, gezielt ausschneiden können.

Kleine Kreise lassen sich mit Patchwork nicht darstellen, deshalb mußte ich mir für die Erbsen etwas einfallen lassen. Der Block mit geraden Nähten ist sehr leicht zu nähen, der mit Kurvennähten ist komplizierter.

Stellen Sie die „Erbsen“ mit Quiltstichen dar, entweder per Hand oder mit der Maschine. Mir gefällt dieser Entwurf besonders gut. In jeder Reihe kommt der Block im Original- und im spiegelbildlichen Muster vor, bei einigen Blöcken liegen die Kelchblätter oben, bei anderen unten.

Erbsen mit geraden Nähten, Entwurf

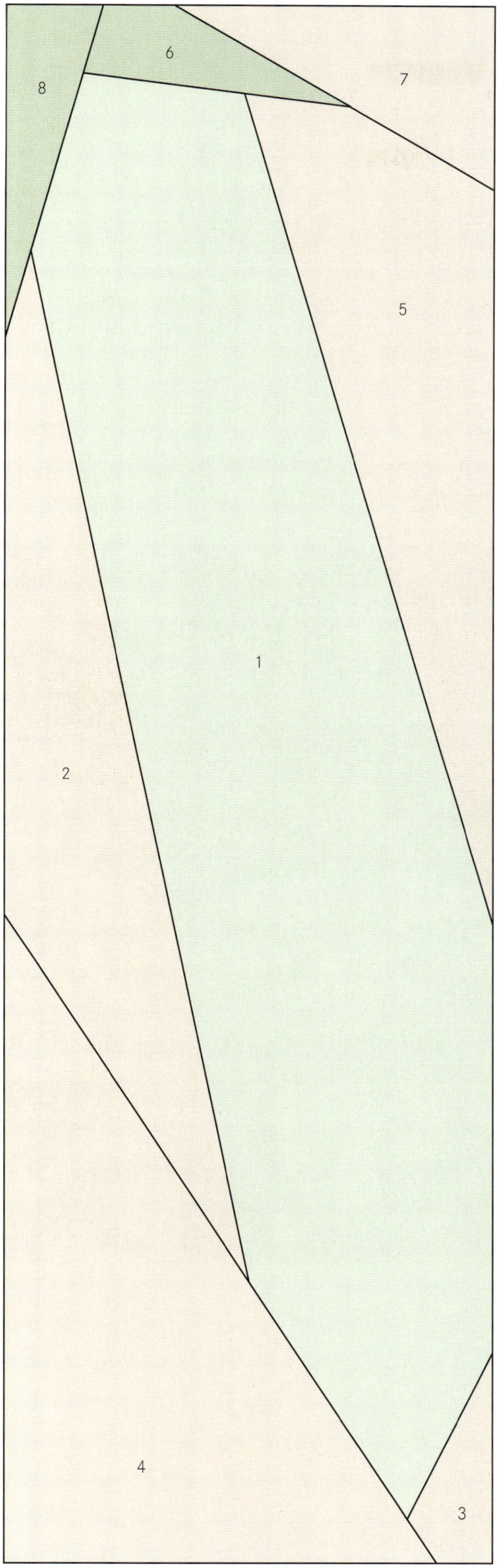

Erbsen mit geraden Nähten, Blockmuster
Die abgebildete Blockgröße entspricht der wirklichen,
es ist ein 24,1 x 7,6 cm/9 ½ x 3 inch großes Rechteck.

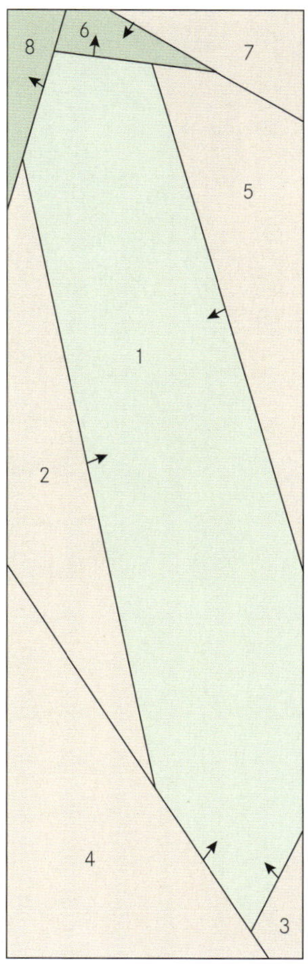

Erbsen mit geraden Nähten,
Nähschema

Die vorgeschlagene Größe ist die kleinste nähbare Größe. Leichter wird es mit stärkerer Vergrößerung. Plätten Sie die Nahtzugaben in Pfeilrichtung.

Nähen:
1 an 2 an 3 an 4 an 5 an 6 an 7 an 8

Kurvennähte

Erbsen mit Kurvennähten

„Erbsen" in der geöffneten Schote lassen sich auf verschiedene Weisen arbeiten. Teil A (1, 2, 3, 4, 5, 6, 7, 8) kann in einem Stück aus einem Stoff geschnitten und die Erbsen später mit Quiltstichen eingezeichnet werden. Man kann die Teile A1 bis A8 einzeln (aus ähnlichen Stoffen) zuschneiden und mit Schablonen nähen. Oder nähen Sie die Teile A1 bis A8 mit *foundation piecing* auf eine Fixierstickvlies-Schablone A (1, 2, 3, 4, 5, 6, 7, 8). Sie können auch Teil A (1, 2, 3, 4, 5, 6, 7, 8) aus einem Stück zuschneiden, einzelne Erbsen darauf applizieren und erst dann die Teile A9 und A10 annähen.

Finden Sie einen Stoffdruck mit Reihen von Punkten oder Perlen, aus dem Sie Teil A (1, 2, 3, 4, 5, 6, 7, 8) mit dem Extraschnitt ausschneiden (ich wüßte ein geeignetes Stoffmuster).

Der Entwurf zeigt vier Windräder aus je vier Blöcken: die Windräder rechts oben und links unten sind das Originalmuster, links oben und rechts unten das Spiegelbild. So entsteht eine horizontale und vertikale Spiegelachse.

Erbsen mit Kurvennähten, Entwurf

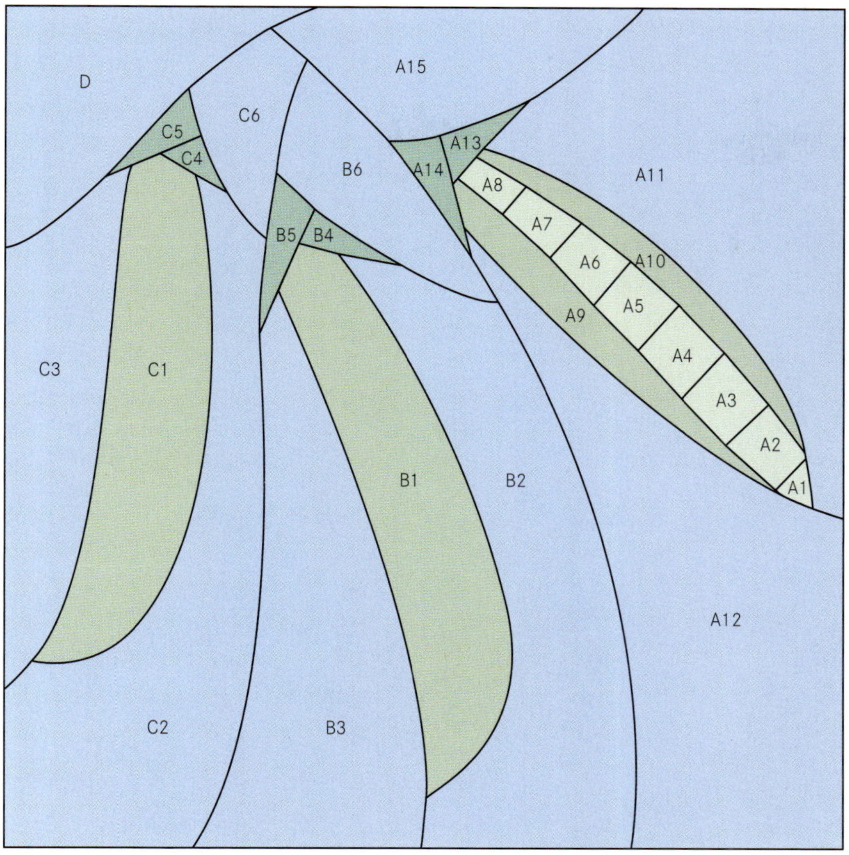

Erbsen mit Kurvennähten, Blockmuster. Vergrößern Sie die Vorlage auf 228 %, auf ein 25,4 x 25,4 cm/10 x 10 inch großes Quadrat, siehe Seite 9.

Die vorgeschlagene Größe ist die kleinste nähbare Größe. Leichter wird es mit stärkerer Vergrößerung. Plätten Sie die Nahtzugaben in Pfeilrichtung.

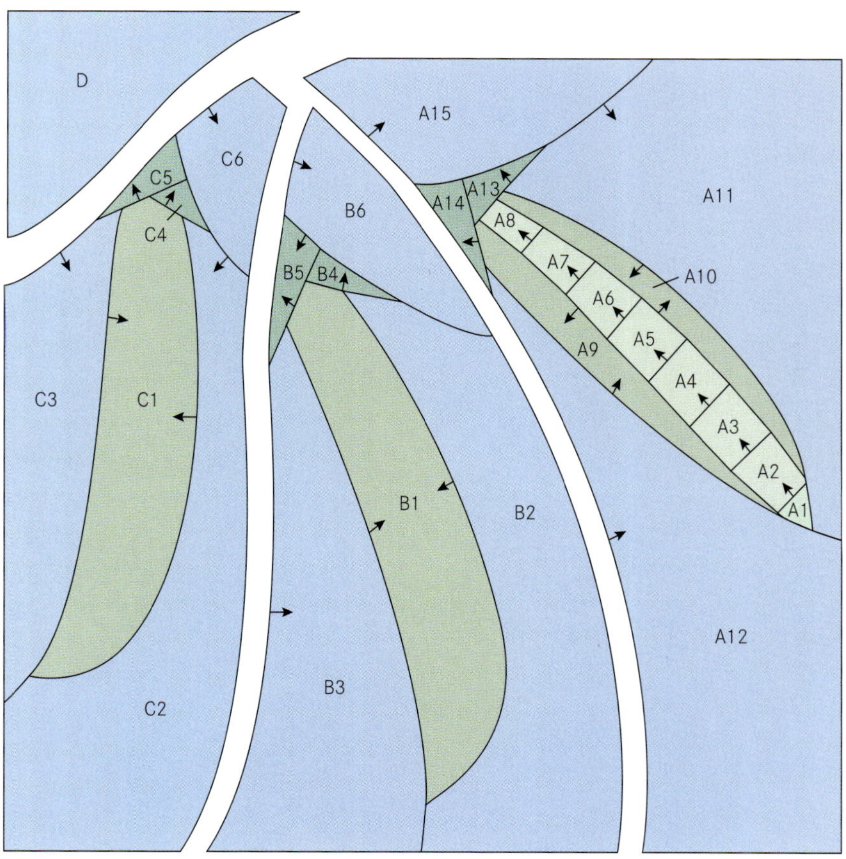

Erbsen mit Kurvennähten, Nähschema

Nähen:
A1 an A2 an A3 an A4 an A5 an A6 an A7 an A8 für die Erbsen in der geöffneten Schote,
oder ein einziges Stoffstück für A (1 2, 3, 4, 5 ,6, 7, 8).
A (1, 2, 3, 4, 5, 6, 7, 8) an A9 an A10 an A11 an A12 an A13 an A14 an A15
B1 an B2 an B3 an B4 an B5 an B6
C1 an C2 an C3 an C4 an C5 an C6
C an B an A an D

Paprika

In der Natur gibt es Paprikaschoten in mehr Farben als irgendein anderes, mir bekanntes Gemüse: grün, rot, gelb, orange, violett, schokoladenbraun und weiß, helle und dunkle Schattierungen all dieser Farben. Verschiedene Formen und Größen sind fast genauso zahlreich. Ich habe nur ein paar für dieses Kapitel ausgesucht.

Gerade Nähte

Türkischer Paprika mit geraden Nähten

Gewöhnlich ist diese Sorte hellgrün, manchmal auch gelb oder rot, und hat eine schlankere Form als anderer Gemüsepaprika. Sie können die Frucht bei diesem Muster mit geraden Nähten, also die Teilstücke A2, A3, A4, B1, C2 und C3 aus leicht unterschiedlichen Stoffen zuschneiden, um der Paprikaschote Form zu geben und sie natürlicher zu gestalten. Die Teilstücke D2, E2 und E3 stellen Stielansatz und Stiel dar.

Die vertikalen Blocksäulen, wie Mauerwerk versetzt, und die schlichten Rechtecke als Ergänzung sind einfach zu nähen. Das Design sieht so viel lebendiger aus als eine simple Aneinanderreihung der Blöcke.

Türkischer Paprika mit geraden Nähten, Entwurf

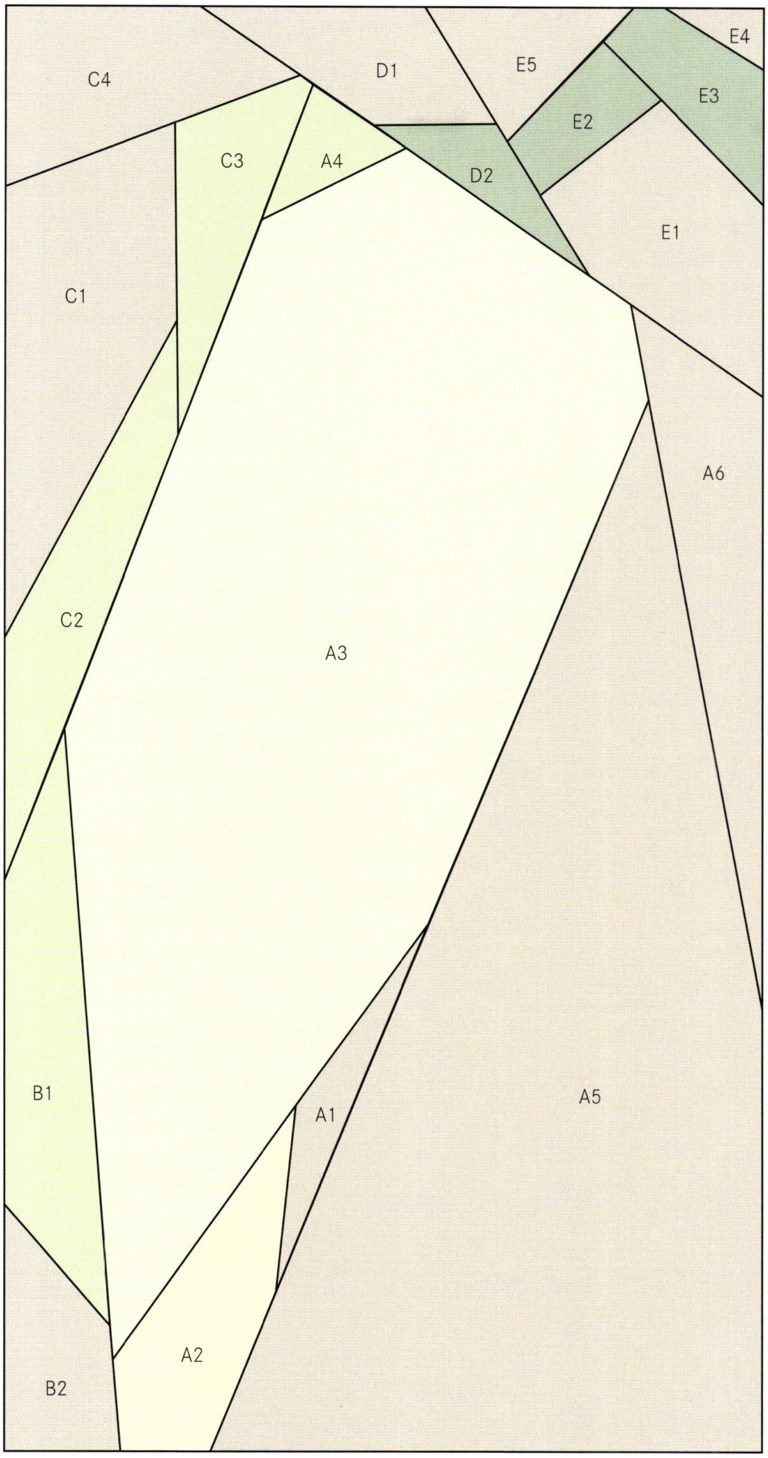

Türkischer Paprika mit geraden Nähten, Blockmuster
Vergrößern Sie die Vorlage auf 127 %, auf ein 24,1 x 12,7 cm/9½ x 5 inch großes Rechteck, siehe Seite 9.

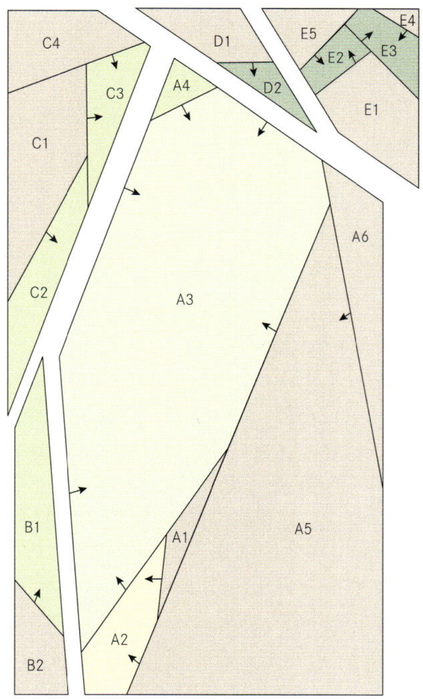

Türkischer Paprika mit geraden Nähten, Nähschema

Die vorgeschlagene Größe ist die kleinste nähbare Größe. Leichter wird es mit stärkerer Vergrößerung. Plätten Sie die Nahtzugaben in Pfeilrichtung.

Nähen:
A1 an A2 an A3 an A4 an A5 an A6
B1 an B2 an A
C1 an C2 an C3 an C4 an AB
D1 an D2
E1 an E2 an E3 an E4 an E5 an D
ABC an DE

Gerade Nähte

Chili mit geraden Nähten

Jetzt haben Sie die Gelegenheit, eine Girlande aus getrockneten Chilis für Ihre Küche zu nähen. Der Block: ein Parallelogramm. Teilstück B7 wird zum Stiel der Chili A1 im nächsten Block, wenn mehrere Blöcke zu einer Kette aneinandergenäht sind. Dreiecke am oberen und unteren Ende der Kette ergänzen sie zu einem lang gestreckten Rechteck, woraus dann ganz fix ein Quilt, ein Wandquilt oder ein Tischläufer entstehen kann.

Arbeiten Sie aus den Chiliketten einen Quilt wie diesen, oder nutzen Sie sie als Umrandung. Denken Sie daran, daß die einzelnen Blöcke optisch nicht gleich zu erkennen sind; sie gehen ineinander über, wenn mehrere Blöcke aneinandergenäht sind. Hätte ich ein Rechteck als Blockform gewählt, statt der abgeschrägten Ober- und Unterkanten, wären die einzelnen Blöcke viel leichter erkennbar.

Chilischoten mit geraden Nähten, Quiltentwurf

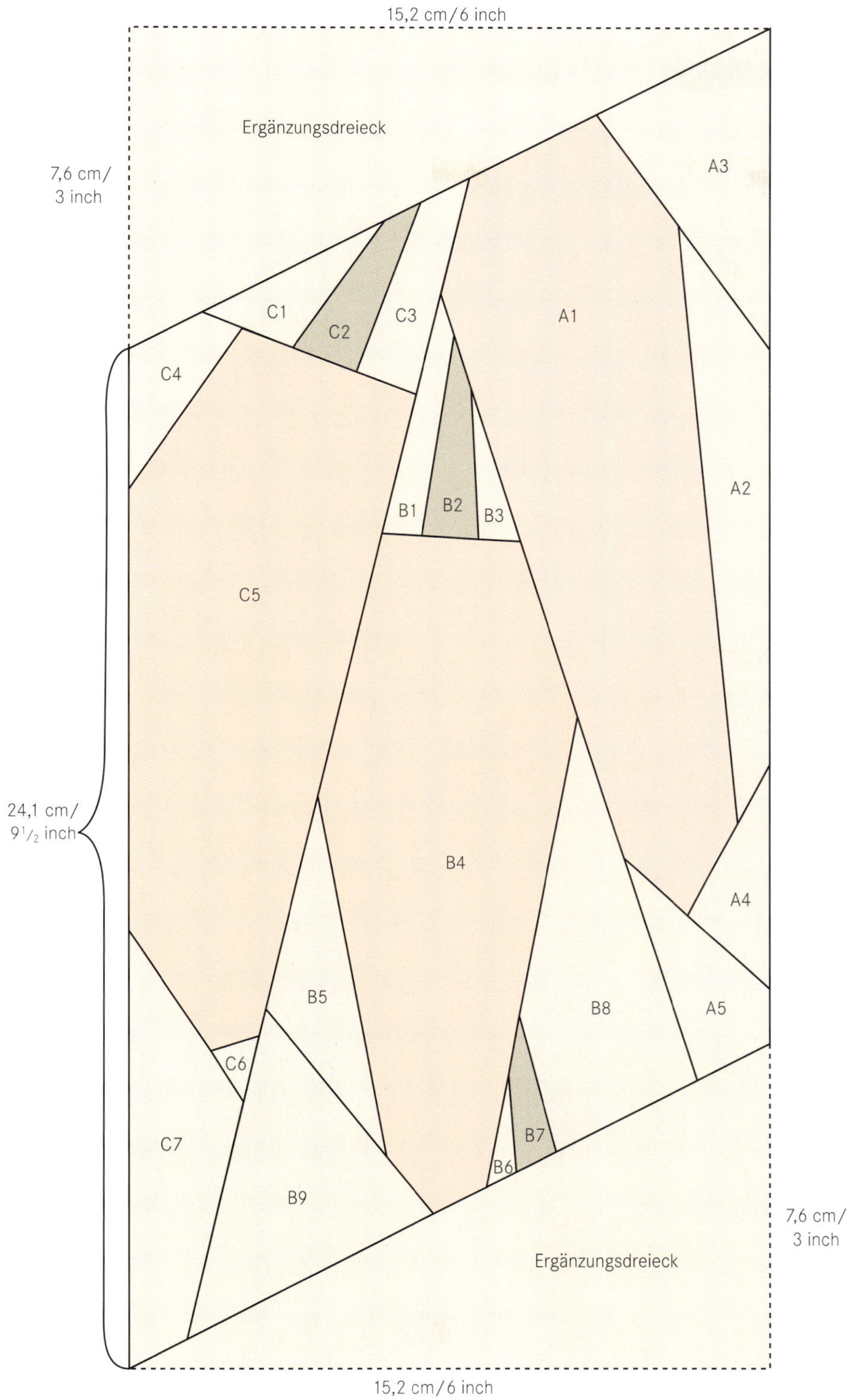

Chili mit geraden Nähten, Blockmuster
Vergrößern Sie die Vorlage auf 165 %, auf ein 24 cm/9½ inch hohes Parallelogramm, siehe Seite 9.

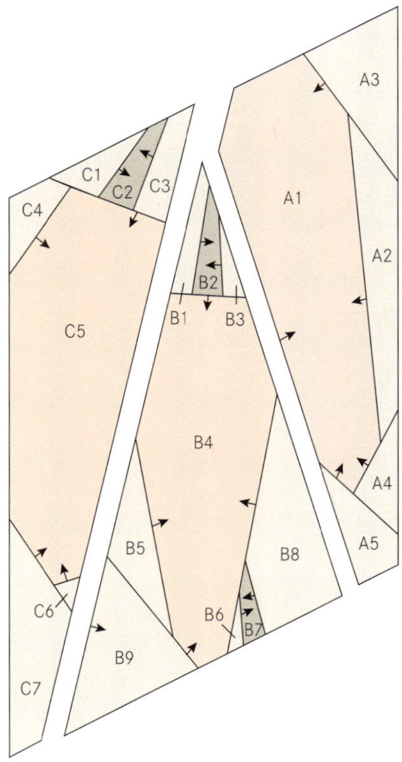

Chili mit geraden Nähten, Nähschema

Die vorgeschlagene Größe ist die kleinste nähbare Größe. Leichter wird es mit stärkerer Vergrößerung. Plätten Sie die Nahtzugaben in Pfeilrichtung.

Nähen:
A1 an A2 an A3 an A4 an A5
B1 an B2 an B3 an B4 an B5
B6 an B7 an B8 an B (1, 2, 3, 4, 5) an B9 an A
C1 an C2 an C3
C4 an C5 an C (1, 2, 3) an C6 an C7 an AB

Gerade Nähte

Gemüsepaprika mit geraden Nähten

Paprikaschoten gibt es in einer erstaunlichen Farbvielfalt. Hätten Sie nicht Lust, einen Quilt aus allen Farben zu nähen: Rot, Orange, Gelb, Grün, Violett, Elfenbeinfarben und Schokoladenbraun?

Ich stelle Ihnen mehrere Entwürfe aus vier Blöcken vor. Sie eignen sich vorzüglich für schöne kleinere Wandquilts, auch wenn Sie die Blöcke auf eine Seitenlänge von 38 cm/15 inch vergrößern sollten, um die Näherei zu vereinfachen. Alle Layouts können Sie natürlich zu einem großen Quilt erweitern.

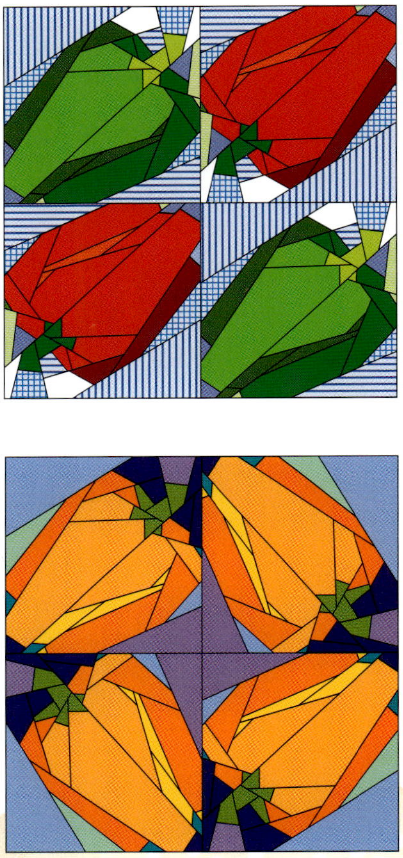

Paprika mit geraden Nähten, Entwürfe

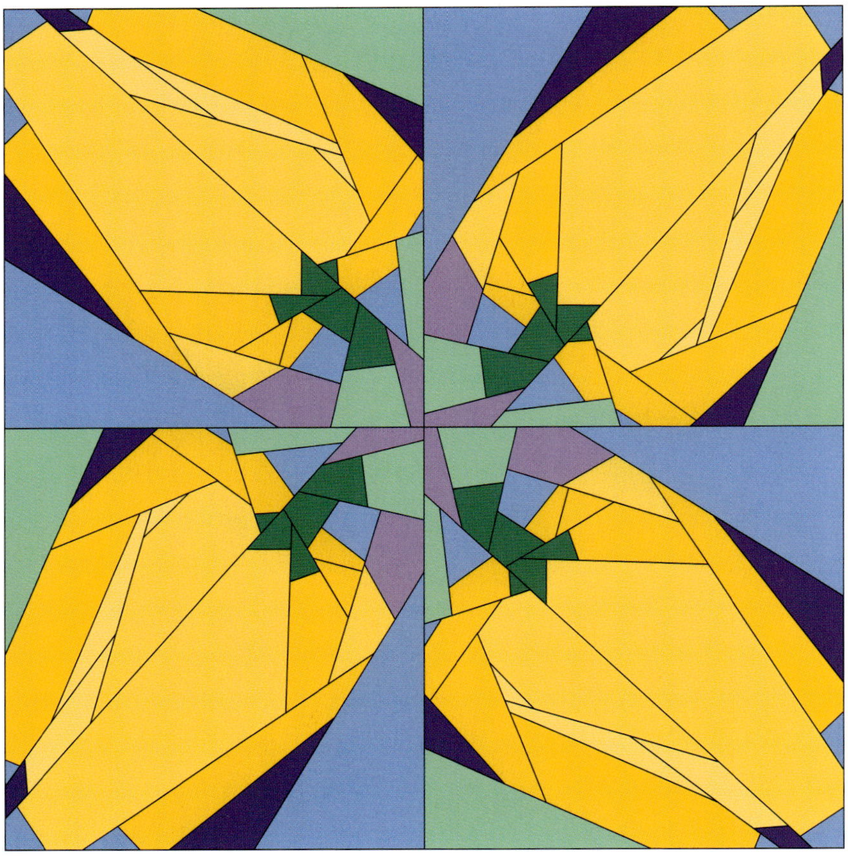

Paprika mit geraden Nähten, Entwurf

Im oberen Entwurf zeigen zwei rote Paprika viel diagonale Bewegung. Beim Paprika-Windrad bildet sich in der Mitte ein einfacher Stern.

Das Paprika-Windrad mit einer anderen Blockecke zur Mitte gerichtet. Unterschiedliche Hintergrundstoffe, vor allem für die kleinen Teile in der Mitte der Arbeit, ergeben einen faszinierenden Quilt.

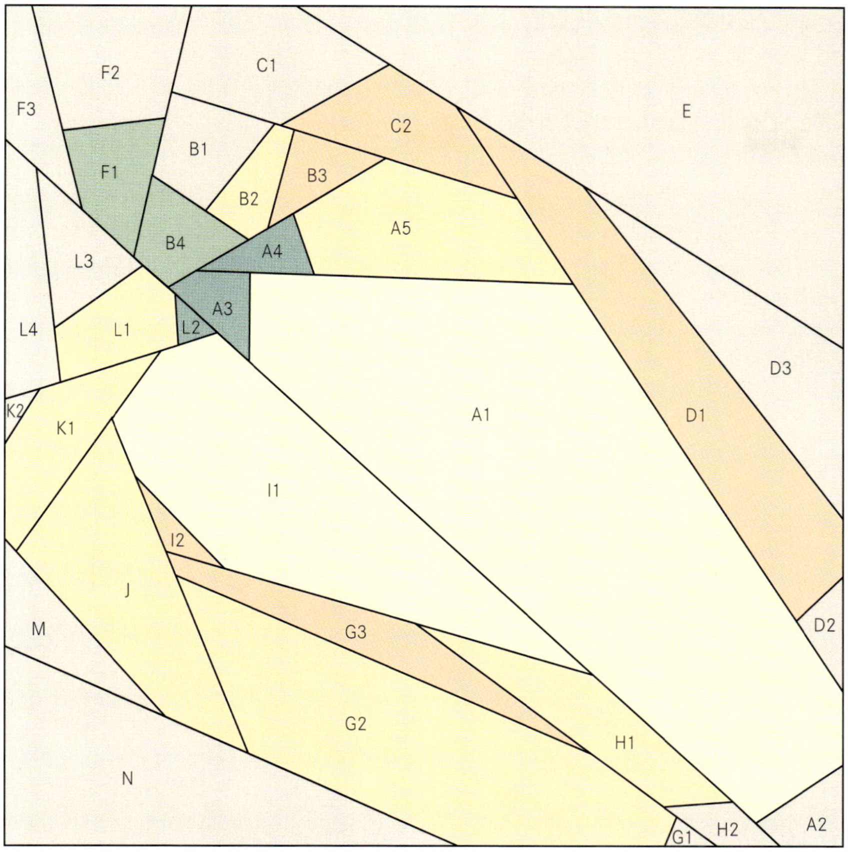

Paprika mit geraden Nähten, Blockmuster. Vergrößern Sie die Vorlage auf 228 %, auf ein 25,4 x 25,4 cm/10 x 10 inch großes Quadrat, siehe Seite 9.

Hier ist das Blockmuster in viele Teile gegliedert, um die Falten und Schattierungen der glänzenden Paprika angemessen darzustellen. Wegen der vielen Teilstücke ist dieser Block zeitaufwendiger zu nähen als die „Türkische Paprika" oder die „Chili".

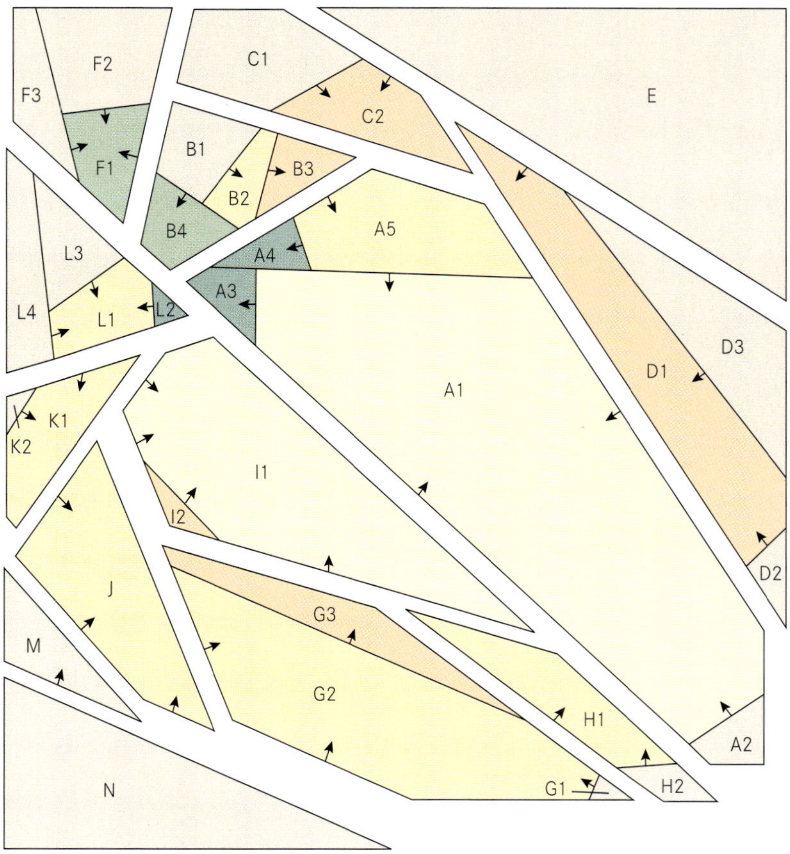

Paprika mit geraden Nähten, Nähschema

Die vorgeschlagene Größe ist die kleinste nähbare Größe. Leichter wird es mit stärkerer Vergrößerung. Plätten Sie die Nahtzugaben in Pfeilrichtung.

Nähen:
A1 an A2 an A3, A4 an A5
an A (1, 2, 3)
B1 an B2 an B3 an B4 an A
C1 an C2 an AB
D1 an D2 an D3 an ABC an E
F1 an F2 an F3 an ABCDE
G1 an G2 an G3
H1 an H2 an G
I1 an I2 an GH an J an K1 an K2
L1 an L2 an L3 an L4 an GHIJK an M
an N
an ABCDEF

Kurvennähte

Gemüsepaprika mit Kurvennähten

Diese Version der Paprika braucht weniger Schablonen als die vorige Version mit den geraden Nähten. Wegen der kurvigen Nähte sieht der Block auch ganz anders aus. Kurvennähte sind zeitaufwendiger zu nähen als gerade Nähte. Wenn Sie im Kurvennähen noch nicht so erfahren sind, werden Sie wahrscheinlich genauso lange für diesen Block brauchen wie für die Version mit geraden Nähten.

Hier kommt der Paprika im Original und als seitenverkehrter Block vor. Zwischen den Reihen zeigt sich eine Wellenbewegung.

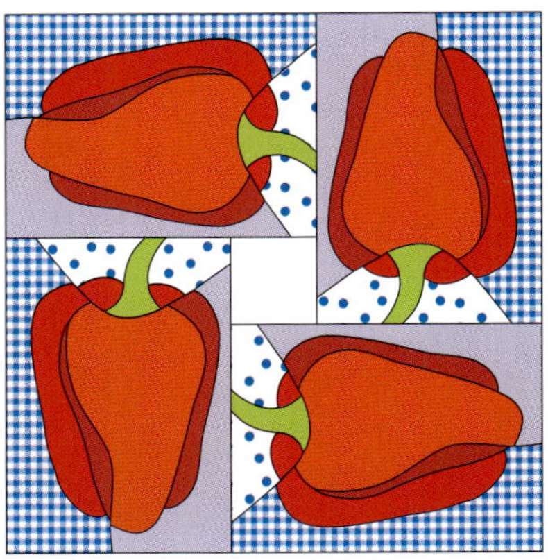

Ein Paprika-Windrad um ein zentrales Quadrat. Schlagen Sie auf Seite 25 (Grüne Bohnen) nach, wie das zusammengenäht wird. Schauen Sie nur, die Stiele bilden fast einen Kreis.

Paprika mit Kurvennähten, Entwürfe

Drei Paprika in einer Reihe – vielleicht eine Bordüre an den Enden eines Tischläufers oder an Küchengardinen.

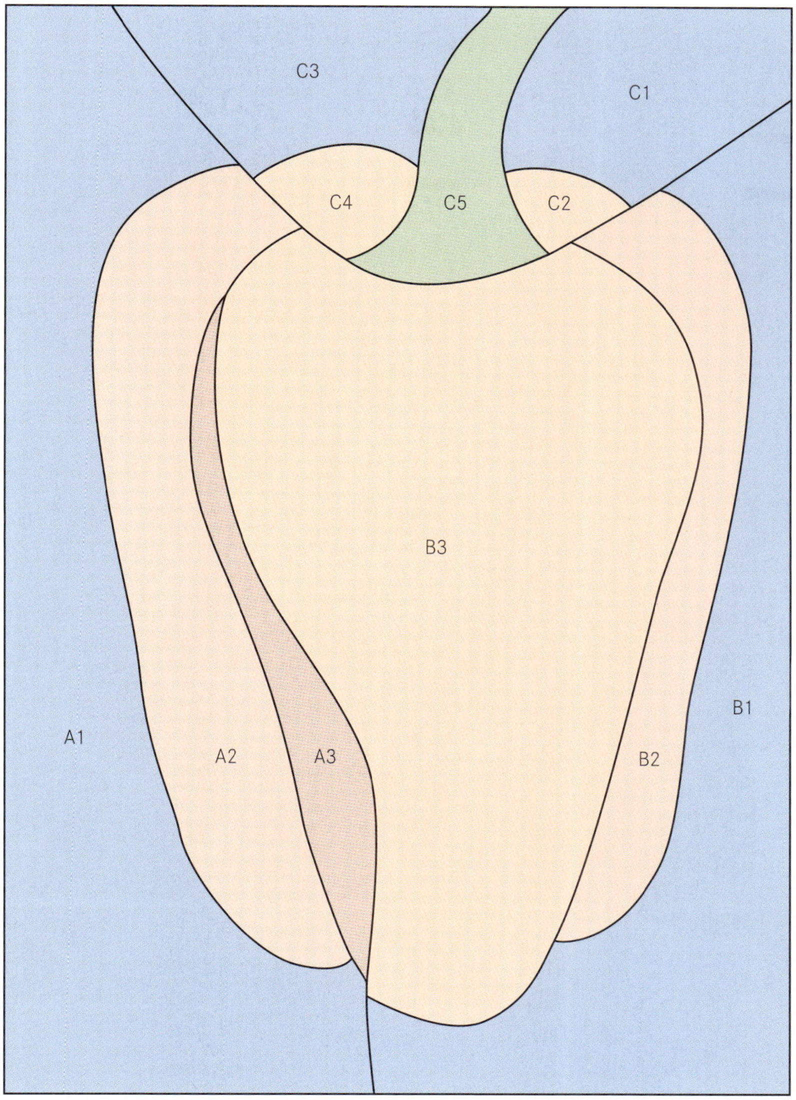

Paprika mit Kurvennähten, Blockmuster
Vergrößern Sie die Vorlage auf 158 %, auf ein 22,9 x 16,5 cm/9 x 6½ inch großes Rechteck, siehe Seite 9.

Die vorgeschlagene Größe ist die kleinste nähbare Größe. Leichter wird es mit stärkerer Vergrößerung. Plätten Sie die Nahtzugaben in Pfeilrichtung.

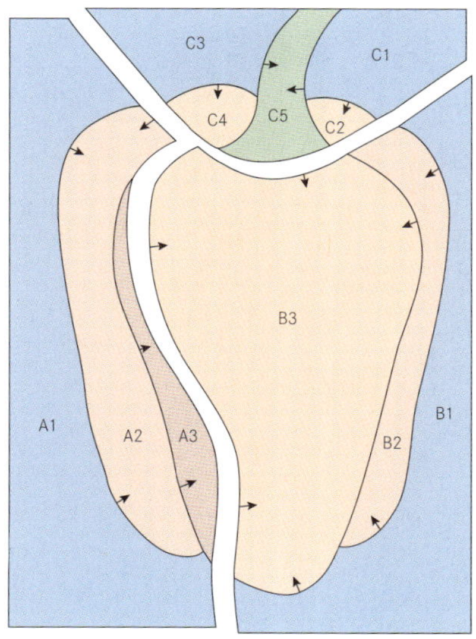

Paprika mit Kurvennähten, Nähschema

Nähen:
A1 an A2 an A3
B1 an B2 an B3 an A
C1 an C2, C3 an C4 an C5 an
C (1, 2) an AB

Kartoffeln

Kartoffeln gibt es mit goldenen, braunen, rotbraunen, weißen, zart gelben und sogar rotvioletten Schalen. Einige sind glatt, andere richtig rauh.

Gerade Nähte

Kartoffeln mit geraden Nähten

Kartoffeln haben „Augen“, kleine Dellen in ihrer Oberfläche, worin sich die Keime fürs nächste Jahr verstecken. An den „Augen“ kam ich bei meiner Stoffauswahl einfach nicht vorbei und habe deshalb aus einem Stoff gedruckte Puppenaugen extra für meine Kartoffeln ausgeschnitten. In Stoffdrucken mit Tier- oder Cowboy-Mustern sind Kartoffelaugen zu finden.

Machen Sie sich die Arbeit einfach, und nähen Sie die „Augen“ irgendwo zwischen zwei Kartoffelteile ein. Nähen Sie die Blöcke. Dann, beim Quilten der Kartoffel, plazieren Sie dicke Knoten aus Baumwolle an die Stellen, an denen die Augen sitzen sollen. Schneiden Sie die Enden des Knotens kurz ab, damit er nicht wie ein Keimling aussieht.

Achten Sie bitte darauf, daß ich dem Teilstück C, einem Hintergrundstück, eine sehr viel hellere Farbe gegeben habe, damit die schmalen Windmühlenflügel deutlich werden. Das Layout hat die gleiche Symmetrie, die ich auch schon in den Entwürfen von Erbsen mit Kurvennähten und beim Lauch mit geraden Nähten eingesetzt habe. Für diesen Quilt brauchen Sie acht Blöcke im Original-Blockmuster und acht im spiegelbildlichen. Mehr Abwechslung erreichen Sie, wenn Sie die Hintergründe der vier mittleren Blöcke etwas heller oder dunkler gestalten als die Hintergründe der äußeren Blöcke.

Kartoffel mit geraden Nähten, Entwurf

Die vorgeschlagene Größe ist die kleinste nähbare Größe. Leichter wird es mit stärkerer Vergrößerung. Plätten Sie die Nahtzugaben in Pfeilrichtung.

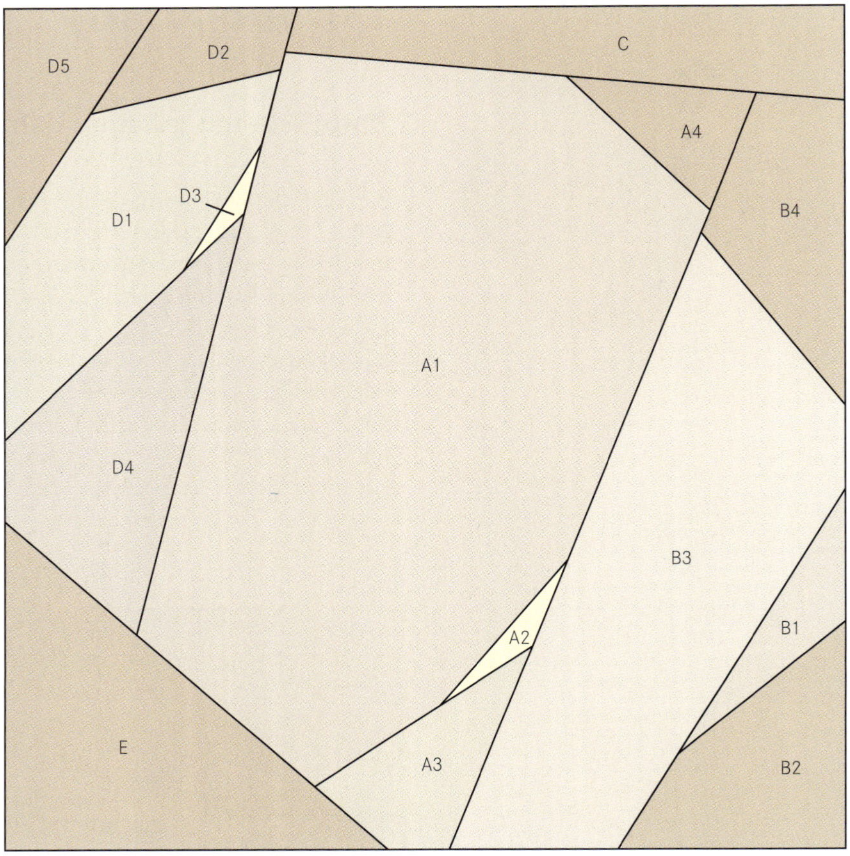

Kartoffel mit geraden Nähten, Blockmuster. Vergrößern Sie die Vorlage auf 136 %, auf ein 15,2 x 15,2 cm/6 x 6 inch großes Quadrat, siehe Seite 9.

Nähen:
A1 an A2 an A3 an A4
B1 an B2 an B3 an B4 an A an C
D1 an D2 an D3 an D4 an D5 an
ABC an E

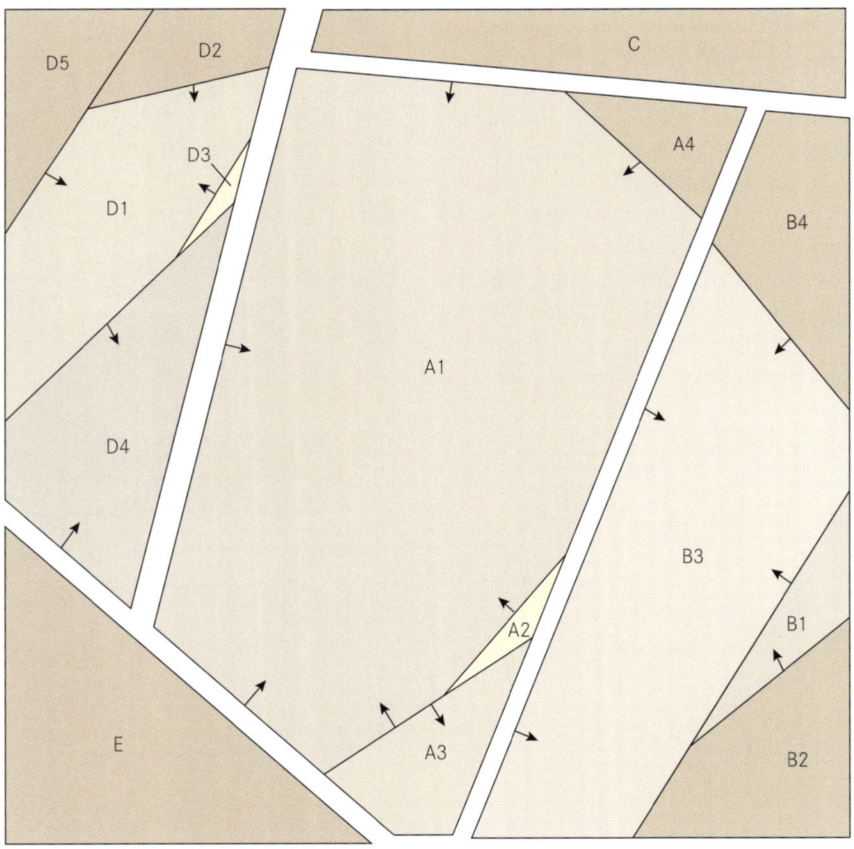

Kartoffel mit geraden Nähten, Nähschema

Kurvennähte

Kartoffeln mit Kurvennähten

Achten Sie bei diesem Entwurf darauf, wie das Segment B ineinandergreifende Kreise entstehen läßt. Der Eindruck wird noch verstärkt, wenn sich B3 und B4 deutlicher von den anderen Hintergrundteilen abheben, z.B. sehr viel heller oder dunkler sind oder eine andere Farbe oder ein anderes Stoffmuster haben. Hier gibt es acht Blöcke im Original und acht im spiegelbildlichen Muster.

Kartoffel mit Kurvennähten, Entwurf

Mir fiel es leichter, die Augenteile B1 und C1 mit der Hand als Reversapplikation unter die Kartoffelteile B2 und C2 zu arbeiten, bevor ich mit Nähen begann. (Mit dieser Technik erscheinen die Augen eingedellt wie bei der echten Kartoffel. Appliziert würden sie auf der Kartoffel liegen.)

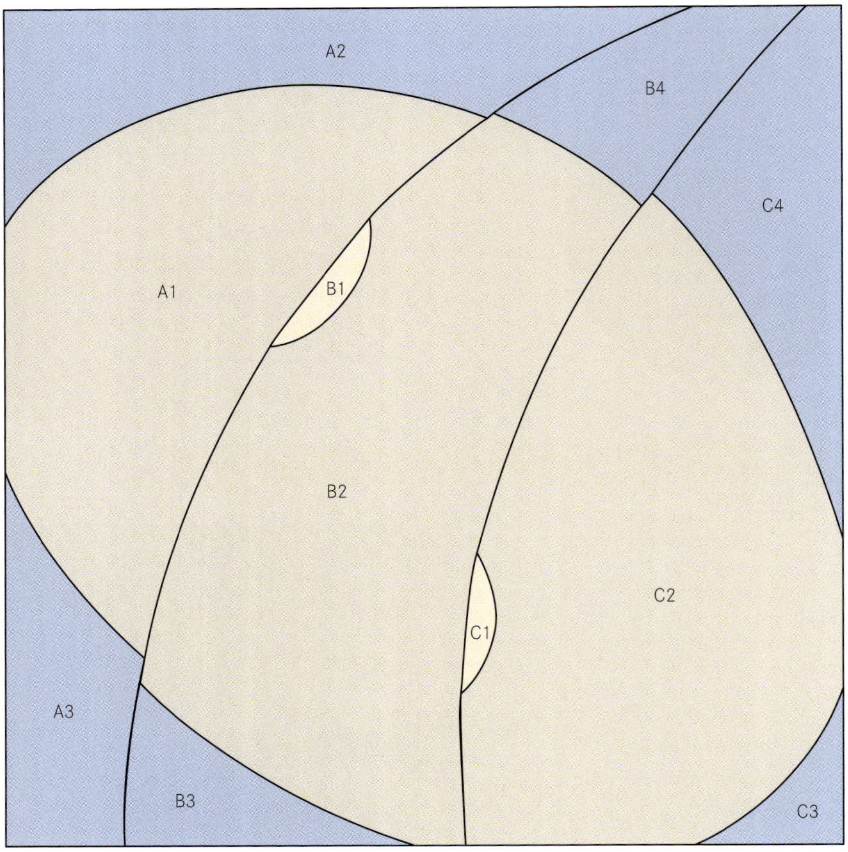

Kartoffel mit Kurvennähten, Blockmuster
Vergrößern Sie die Vorlage auf 136 %, auf ein 15,2 x 15,2 cm/6 x 6 inch großes Quadrat, siehe Seite 9.

Die vorgeschlagene Größe ist die kleinste nähbare Größe. Leichter wird es mit stärkerer Vergrößerung. Plätten Sie die Nahtzugaben In Pfeilrichtung.

Nähen:
Als Reversapplikation B1 unter B2 und C1 unter C2 nähen
A1 an A2 an A3
B (1, 2) an B3 an B4 an A
C (1, 2) an C3 an C4 an AB

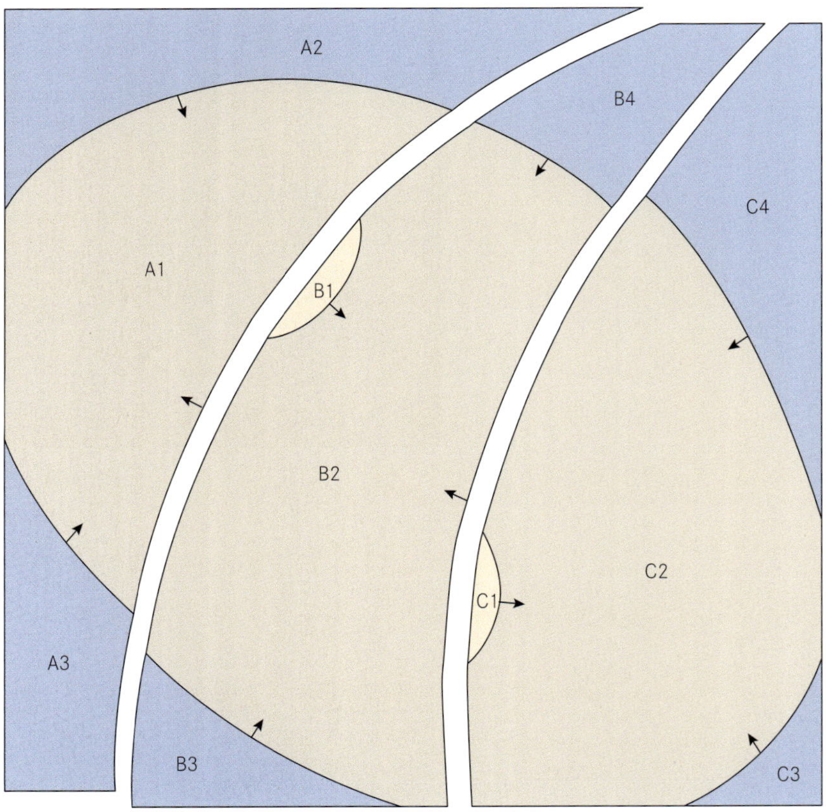

Kartoffel mit Kurvennähten, Nähschema

Riesenkürbis

Gerade Nähte und eingesetzte Ecknähte

Riesenkürbis mit geraden Nähten und eingesetzten Ecknähten

Der Riesenkürbis wird mit einer Kombination von geraden Nähten und eingesetzten Ecknähten genäht, mit eingeschnittenen Nahtzugaben an den Drehpunkten, von wo auch eine Y-Naht ausgeht. Mir gefallen runde Formen, die mit winkligen, geraden Linien dargestellt werden können.

Windradmuster mag ich wirklich. Hier ist noch eins. Da der Kürbisblock mehr rechteckig denn quadratisch ist, braucht man für dieses Windrad zusätzlich ein kleines eingesetztes Quadrat, dessen Maß sich aus der Differenz von Länge und Breite des Blocks ergibt, in diesem Fall 2,6 cm/1 inch. Wie das gemacht wird, können Sie auf Seite 25 bei den grünen Bohnen nachlesen.

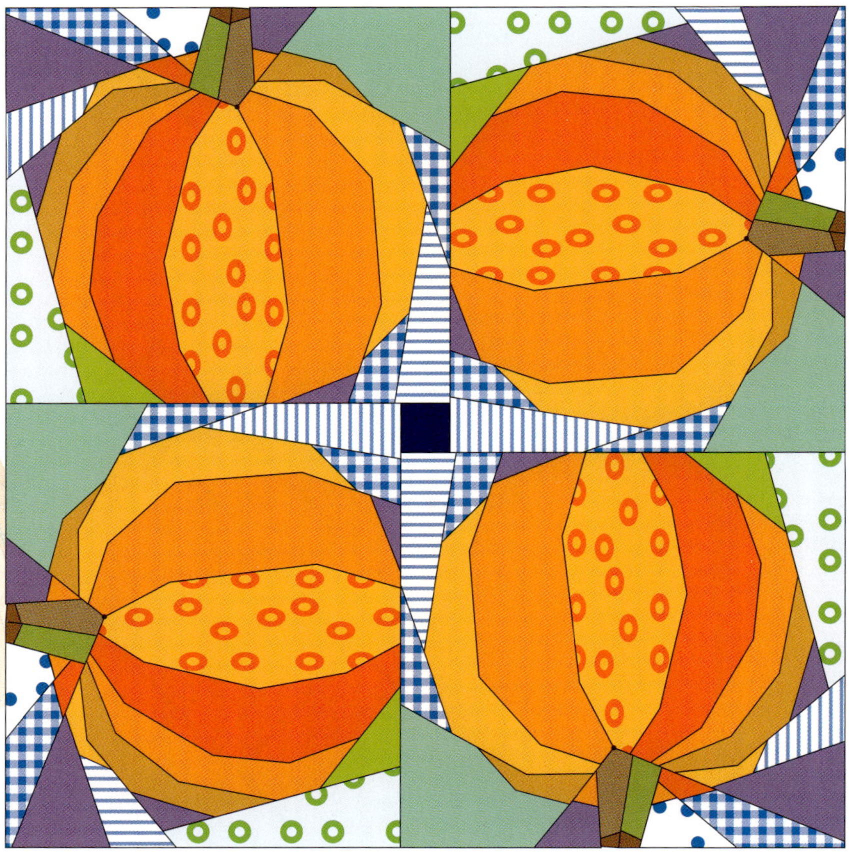

Riesenkürbis, Entwurf

Wenn Ihnen die Windradidee zusagt, Sie aber kein Quadrat einsetzen wollen, vergrößern Sie den Block an der oberen oder unteren Kante, bis daraus ein Quadrat wird.

Die vorgeschlagene Größe ist die kleinste nähbare Größe. Leichter wird es mit stärkerer Vergrößerung. Plätten Sie die Nahtzugaben in Pfeilrichtung.

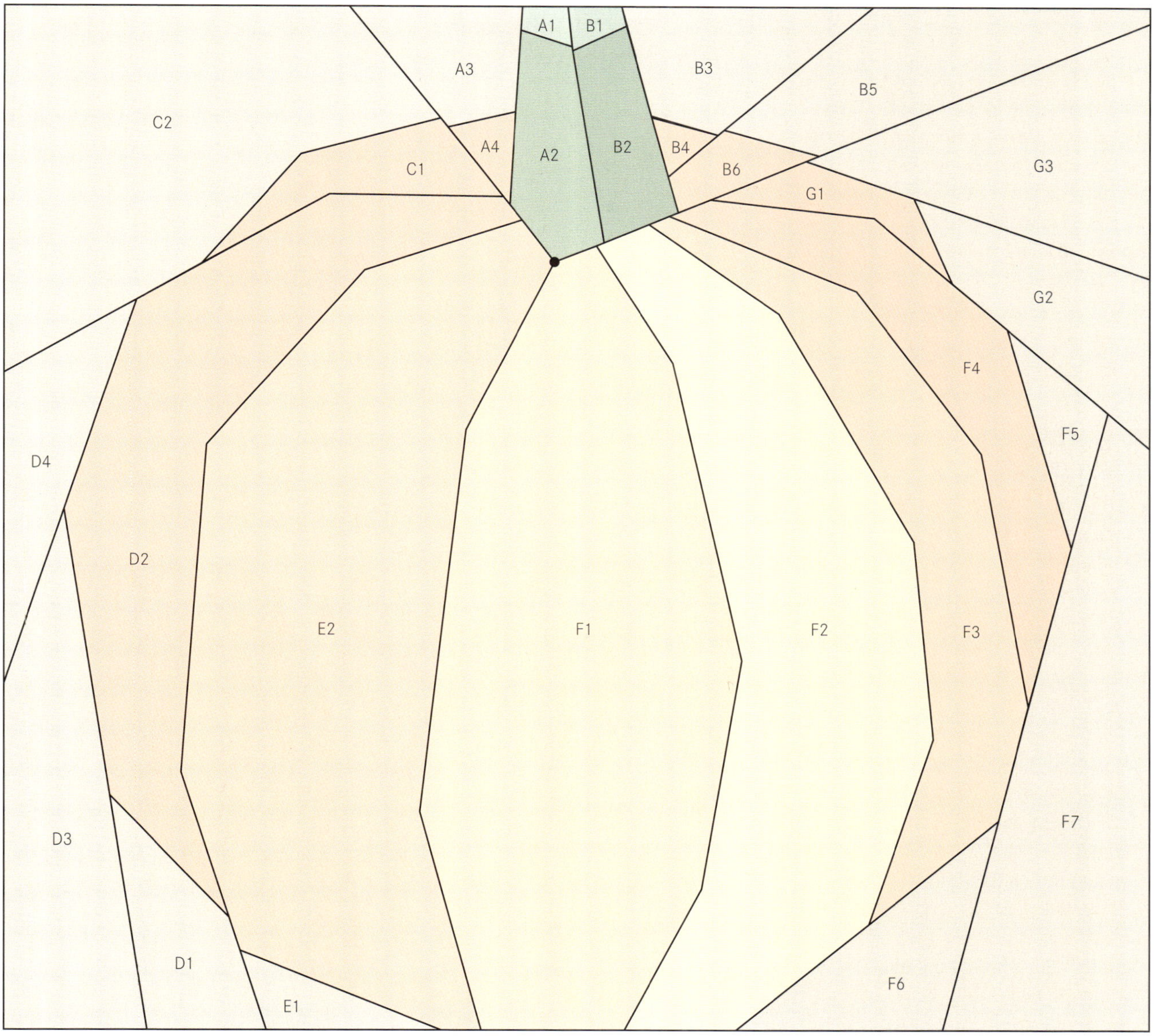

Riesenkürbis, Blockmuster

Vergrößern Sie die Vorlage auf 134 %, auf ein 20,3 x 22,9 cm/8 x 9 inch großes Rechteck, siehe Seite 9.

Nähen:
A1 an A2, A3 an A4 an A (1, 2)
B1 an B2, B3 an B4, B5 an B6 an B (3, 4) an B (1, 2) an A
C1 an C2
D1 an D2 an D3 an D4 an C
E1 an E2 an CD
F1 an F2 an F3 an F4 an F5 an F6 an F7
G1 an G2 an G3 an F
AB an CDE, Rückstich bei •
AB an FG, Rückstich bei •
CDE an FG, Rückstich bei •

Für alle Teilstücke mit geraden Nähten kann man das *freezer paper*/Fixierstickvlies auf der Stoffrückseite belassen und an der Kante entlang nähen. Bei den eingesetzten Ecknähten (C1 an C2, C an D, D an E, F1 an F2 an F3 an F4, G an F und F an E) richten Sie sich nach der folgenden Anleitung.

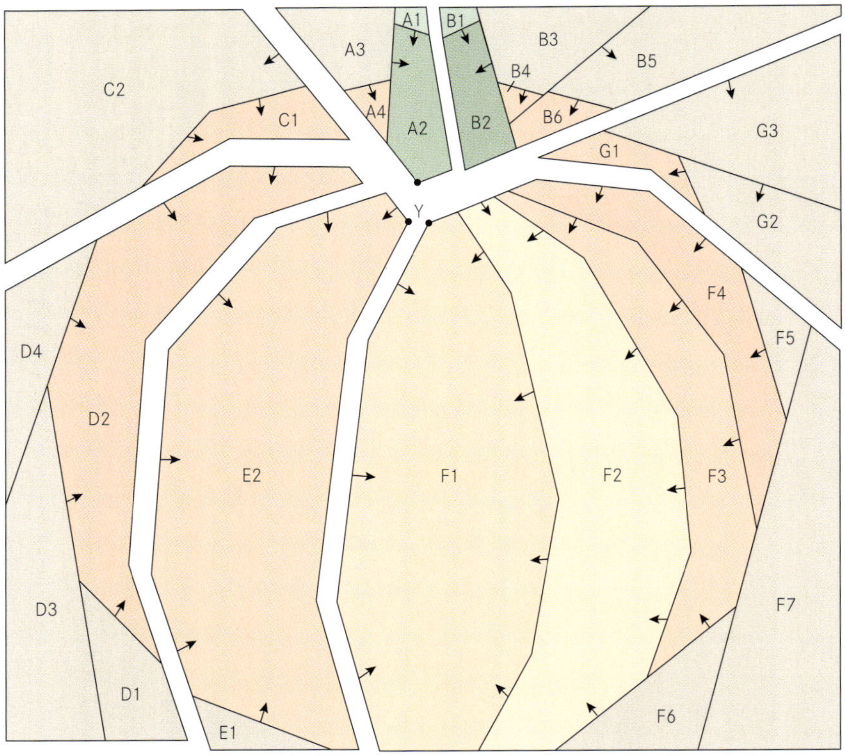

Riesenkürbis, Nähschema

So werden eingesetzte Ecken genäht:

- Schneiden Sie die Nahtzugaben mit Lineal und Rollschneider an, wie bei den geraden Nähten.
- Vorsicht bei den inneren Ecken.
- Zeichnen Sie entlang der Kante des *freezer paper*/Fixierstickvlies.
- Übertragen Sie die Paßzeichen in die Nahtzugabe.
- Schneiden Sie an den inneren Ecken die Nahtzugabe bis kurz vor die Nahtlinie ein (lassen Sie nur etwa ein bis zwei Gewebefäden stehen).
- Entfernen Sie das *freezer paper*/ Fixierstickvlies. Stellen Sie die Stichlänge kürzer ein (auf 1,5).
- Wählen Sie „Nadelstop unten“, wenn möglich.
- Bringen Sie die Punkte (0) und (1) zur Deckung.
- Nähen Sie mit dem eingeschnittenen (konkaven) Teil nach oben.
- Beginnen Sie die Naht an der Stoffkante und nähen bis (1).
- Nadel versenken in (1).
- Nähfuß anheben.

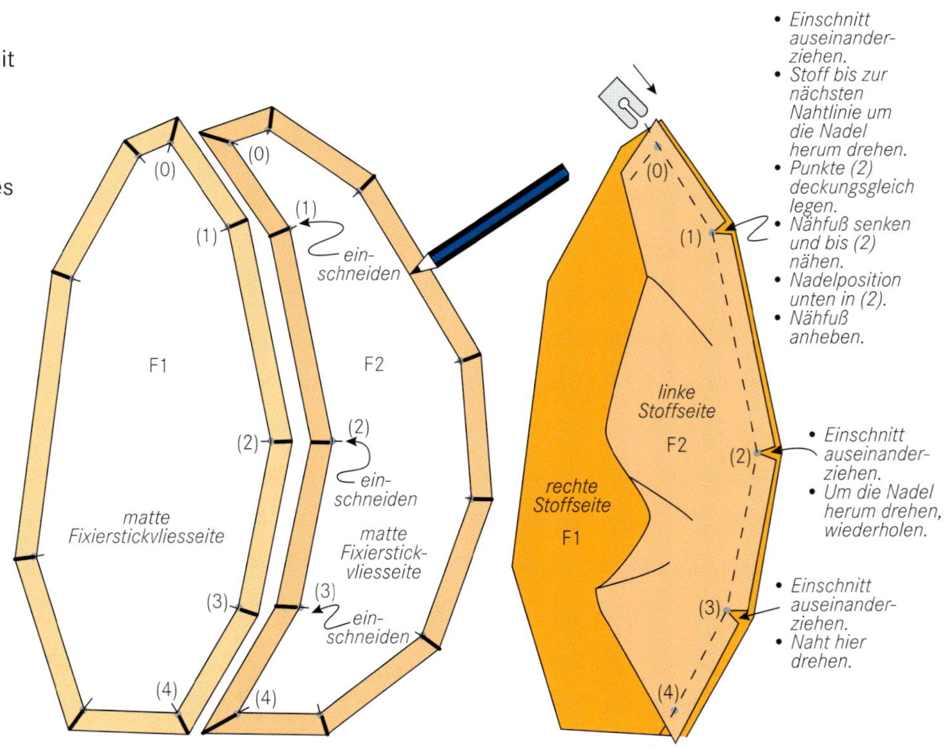

Kürbis

Wegen seiner vielen Formen und Farben könnte man ein ganzes Buch mit Patchwork-Entwürfen für den Kürbis füllen. Ich habe mich für den schmackhaften Buttercup-Kürbis entschieden, meine Lieblingssorte.

Kurvennähte

Kürbis mit Kurvennähten

Der Buttercup-Kürbis ist schön gemustert mit einem rauhen Knubbel am Blütenansatz und einem kräftigen Stiel an der gegenüberliegenden Seite.

Hier sind zwei Entwürfe; einmal die Ansicht der Blütenseite aus reichlich Patchwork und eine wesentlich schlichtere Gestaltung der anderen Seite.

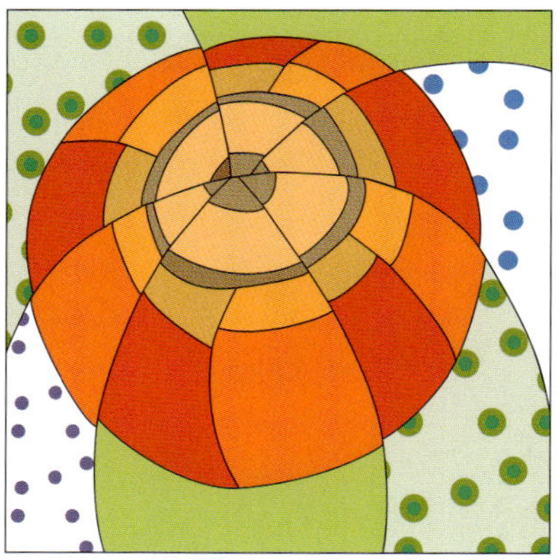

Buttercup-Kürbis, Blütenseite

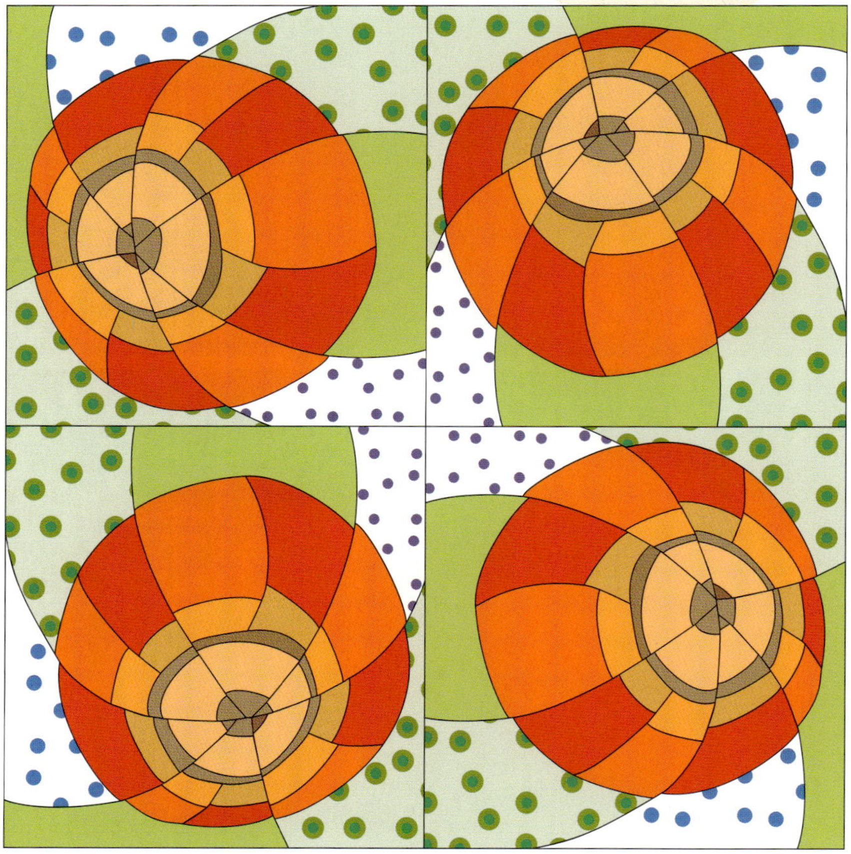

Entwurf mit Blöcken der Blütenseite, im Windrad-Muster angeordnet, Kurvennähte.

Buttercup-Kürbis, Stielseite

Erkennen Sie die Andeutung eines Kreises in der Quiltmitte unter den Kürbissen?

Ein Kürbisquilt aus den Blöcken der beiden Ansichten, der Blütenseite und der Stielseite. Für den Hintergrund wählte ich erdige Farben, gab aber auch etwas Blau und Violett dazu.

Stielseite und Blütenseite des Buttercup-Kürbis, Entwurf

Blütenseite mit Kurvennähten in Windrad-Anordnung, Entwurf

Für diesen zweiten Entwurf habe ich zwei Kürbisse in Grün und zwei in Orange genäht. So wird das Windrad weniger auffällig.

Teil 1 ist in jedem Abschnitt hellbraun, Teil 2 eine blassere Version der Hauptfarbe und Teil 3 ein erhabener, korkfarbener Ring. Ich habe beide Nahtzugaben unter den Ring geplättet, damit er wulstig wirkt.

Die Nahtzugaben zwischen den Teilen 2 und 3 können Sie nach dem Nähen zurückschneiden, bevor die Teile 4 und 6 angefügt werden. Dieser Block würde in einer stärkeren Vergrößerung als der angegebenen Mindestgröße auch schön aussehen und wäre einfacher zu nähen.

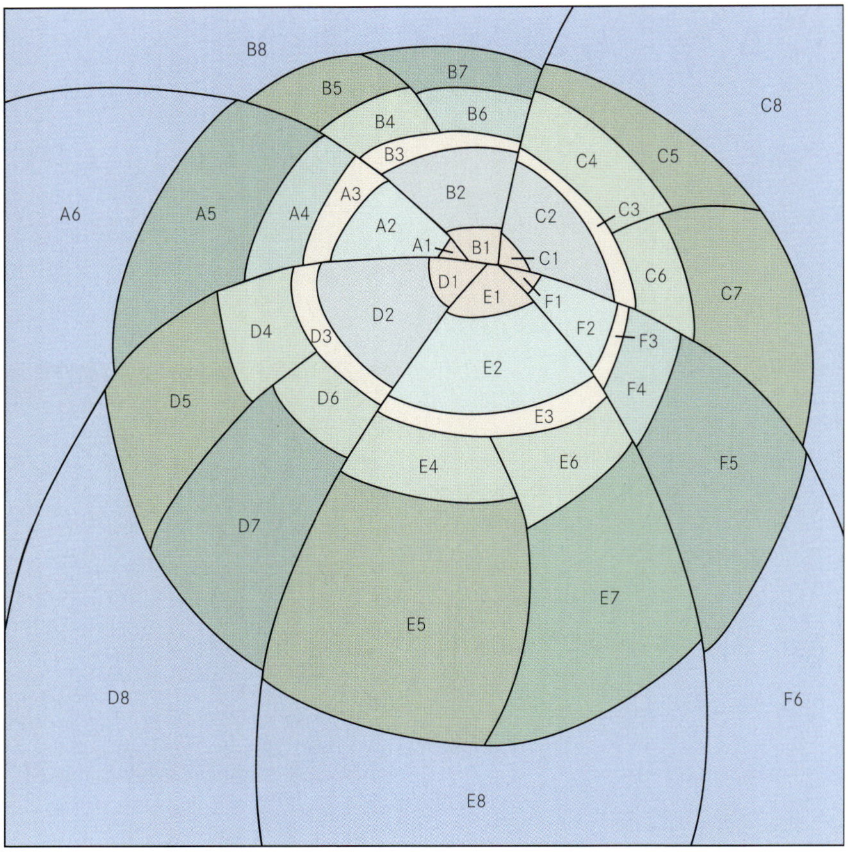

Kürbis-Blütenseite mit Kurvennähten, Blockmuster. Vergrößern Sie diesen Block auf 194%, auf ein 21,6 x 21,6 cm/8½ x 8½ inch großes Quadrat, siehe Seite 9.

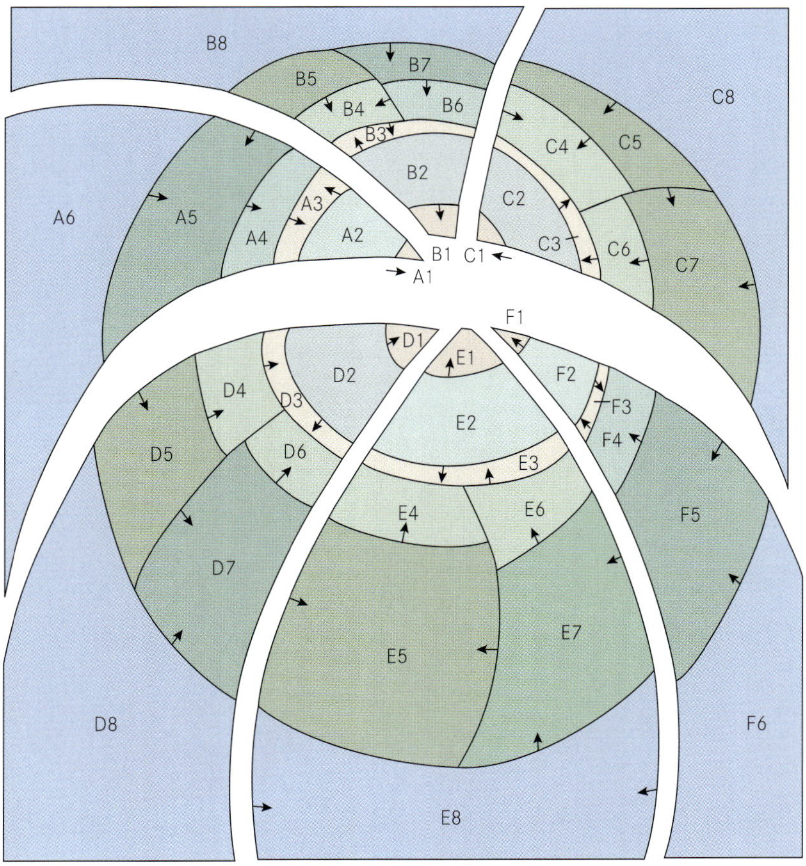

Kürbis-Blütenseite mit Kurvennähten, Nähschema

Die vorgeschlagene Größe ist die kleinste nähbare Größe. Leichter wird es mit stärkerer Vergrößerung. Plätten Sie die Nahtzugaben in Pfeilrichtung.

Nähen:
A1 an A2 an A3 an A4 an A5 an A6
B1 an B2 an B3, B4 an B5,
B6 an B7 an B (4, 5) an B (1, 2, 3) an B8 an A
C1 an C2 an C3, C4 an C5,
C6 an C7 an C (4, 5) an C (1, 2, 3) an C8 an AB
D1 an D2 an D3, D4 an D5,
D6 an D7 an D (4, 5) an D (1, 2, 3) an D8
E1 an E2 an E3, E4 an E5,
E6 an E7 an E (4, 5) an E (1, 2 ,3) an E8 an D
F1 an F2 an F3 an F4 an F5 an F6 an DE an ABC

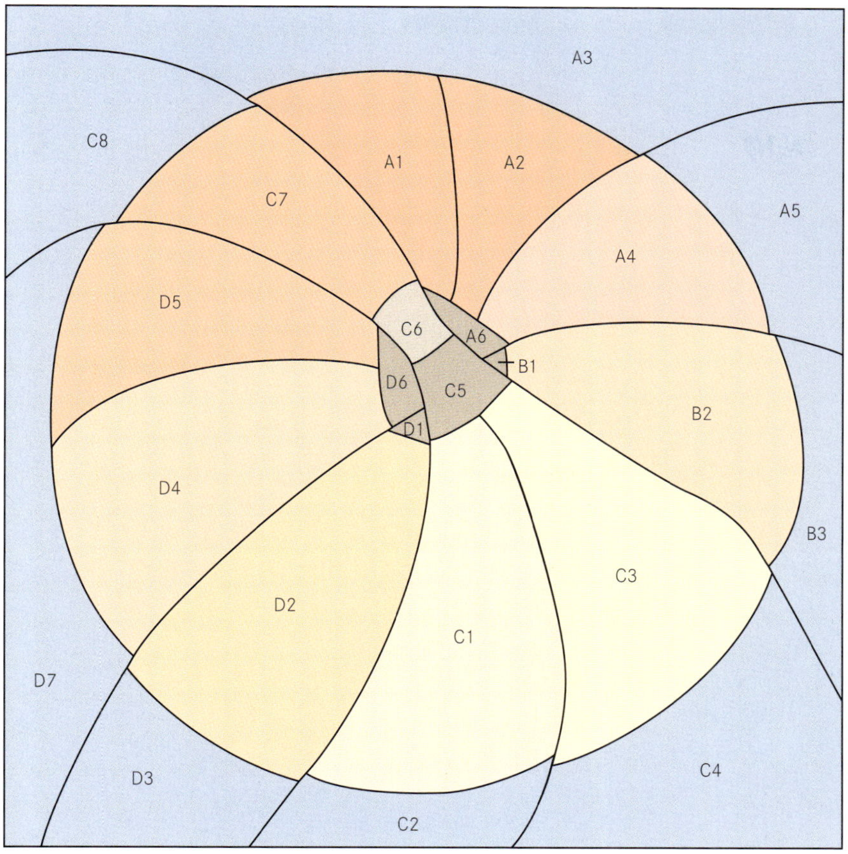

Kürbis-Stielseite mit Kurvennähten, Blockmuster. Vergrößern Sie diesen Block auf 194 %, ein 21,6 x 21,6 cm/8½ x 8½ inch großes Quadrat, siehe Seite 9.

Dieser Block ist viel einfacher zu nähen als der vorige. Plätten Sie die Nahtzugaben wie angegeben unter den Stiel, um ihn hervortreten zu lassen. Diese Kürbissorte ist oft zart gestreift, die Streifen gehen strahlenförmig vom Stiel aus. Wenn Sie sich für gestreifte Stoffe entscheiden, markieren Sie die Richtung der Streifen auf der matten Seite des freezer paper/Fixierstickvlies, damit Sie die Schablonen korrekt auf die Stoffrückseite auflegen können.

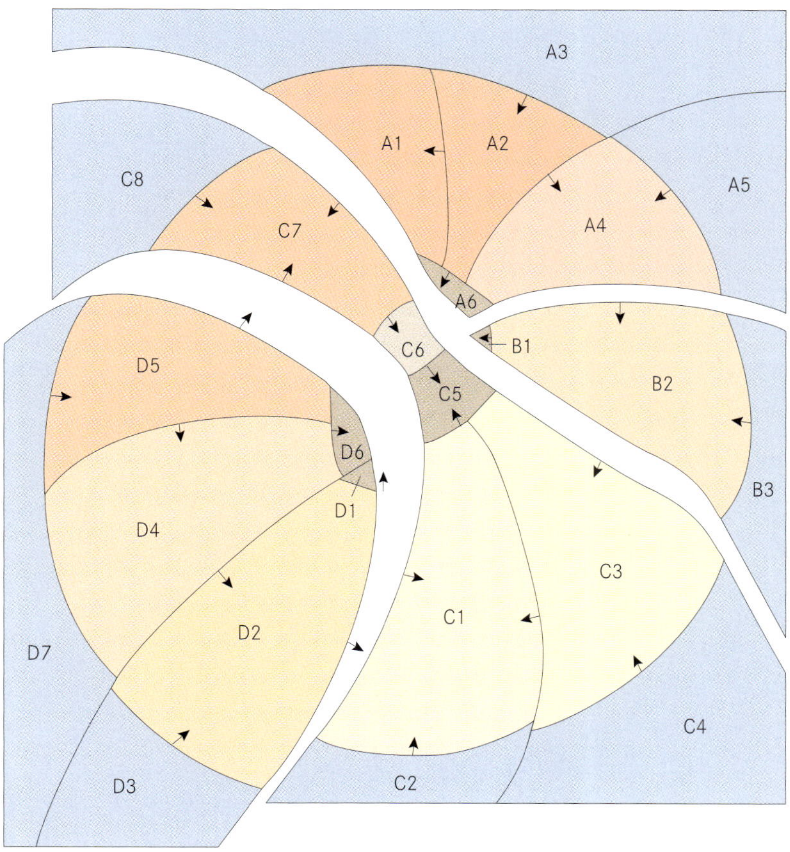

Kürbis-Stielseite mit Kurvennähten, Nähschema

Die vorgeschlagene Größe ist die kleinste nähbare Größe. Leichter wird es mit stärkerer Vergrößerung. Plätten Sie die Nahtzugaben in Pfeilrichtung.

Nähen:
A1 an A2 an A3, A4 an A5
an A (1, 2, 3) an A6
B1 an B2 an B3 an A
C1 an C2
C3 an C4 an C (1, 2) an C5 an C6
an C7 an C8 an AB
D1 an D2 an D3
D4 an D5 an D6 an D7 an D (1, 2, 3)
an D (1, 2, 3) an ABC

Tomaten

Der absolute Höhepunkt im Gartenjahr ist das Heranreifen der ersten roten Tomate. Tomaten aus dem eigenen Garten, vollreif geerntet und noch warm von der Sonne, schmecken ganz anders als die gekauften, besonders wenn man die Pflanzen in der Vorfreude auf warmes Sommerwetter selbst aus Samen gezogen hat.

Gerade Nähte

Tomate mit geraden Nähten

Wenn Sie Samenkataloge gründlich studieren, werden Sie überrascht sein, wie viele verschiedene Farben reife Tomaten haben können. In diesem Set habe ich drei Blockmuster erarbeitet, eine Tomate von oben und eine von der Seite gesehen, und eine Tomatenscheibe, die mir den Mund wäßrig macht.

Ich habe einen großkarierten Stoff für diese Tomaten verarbeitet, der von Rot nach Gelb spielt, und mit Extra-Schnitten die Teile so ausgeschnitten, daß die Früchte glänzen.

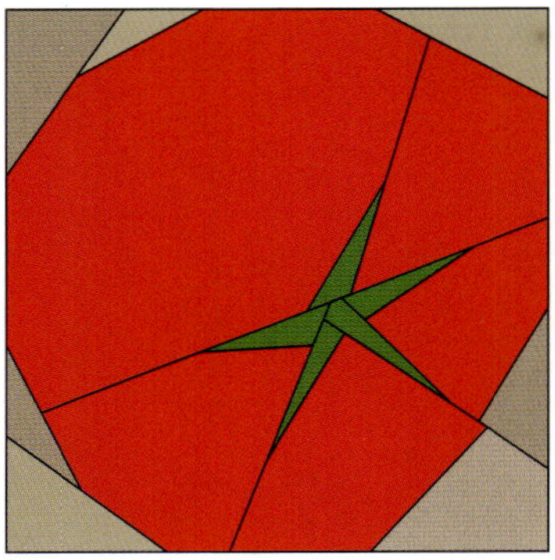

Tomate von oben gesehen

Tomate von der Seite gesehen

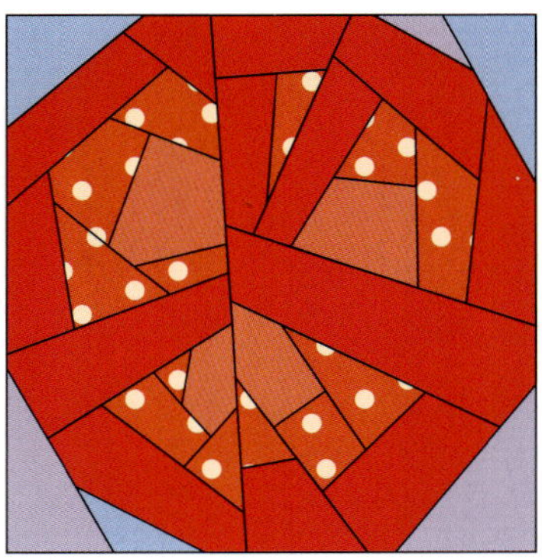

Tomatenscheibe

Seitenansichten (und eine Tomatenscheibe) in Reihen, mit Blockmustern im Original und Spiegelbild.

Ansichten von oben, von der Seite und Tomatenscheiben, planlos verstreut, mit spiegelbildlichen Blöcken.

Tomate mit geraden Nähten, Entwürfe

All diese Blöcke mit geraden Nähten sind 15,2 cm/6 inch große Quadrate. Ein einzelner Block könnte ein Tischset werden, mehrere in einer Reihe der Rand eines Vorhangs. Man könnte die Blöcke über eine größere Fläche für ein Tischtuch oder einen Tischläufer verteilen, indem man Zwischenblöcke von 15,2 cm/6 inch Größe aus karierten Stoffen schachbrettartig dazwischen setzt.

Mit 15,2 cm/6 inch großen Blöcken wird dieser Quiltentwurf 106,7 x 91,4 cm/42 x 36 inch groß. Wie wäre es mit einem Rand aus Kopfsalatblöcken?

Die vielen Farbvariationen reifer Tomaten

Nur eine dieser drei Reihen wäre schon ein hübscher Wandquilt.

Rispen heranreifender Kirschtomaten

Die vorgeschlagene Größe ist die kleinste nähbare Größe. Leichter wird es mit stärkerer Vergrößerung. Plätten Sie die Nahtzugaben in Pfeilrichtung.

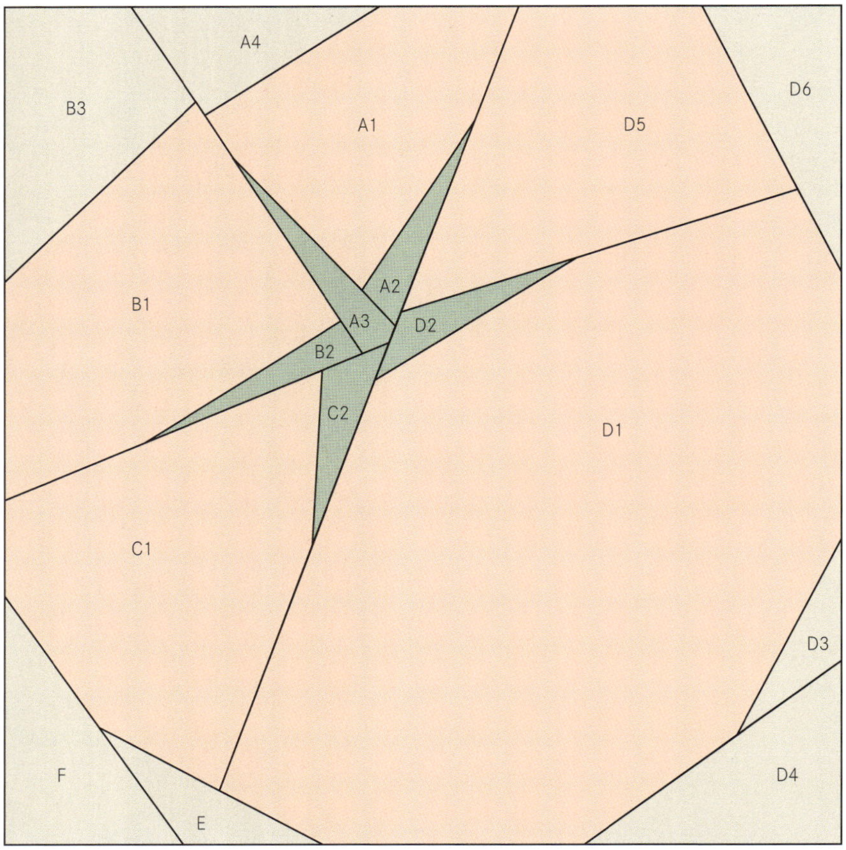

Tomate von oben gesehen, mit geraden Nähten, Blockmuster. Vergrößern Sie die Vorlage auf 136,5 %, auf ein 15,2 x 15,2 cm/6 x 6 inch großes Quadrat, siehe Seite 9.

Nähen:
A1 an A2 an A3 an A4
B1 an B2 an B3 an A
C1 an C2 an AB
D1 an D2 an D3 an D4 an D5 an D6 an ABC an E an F

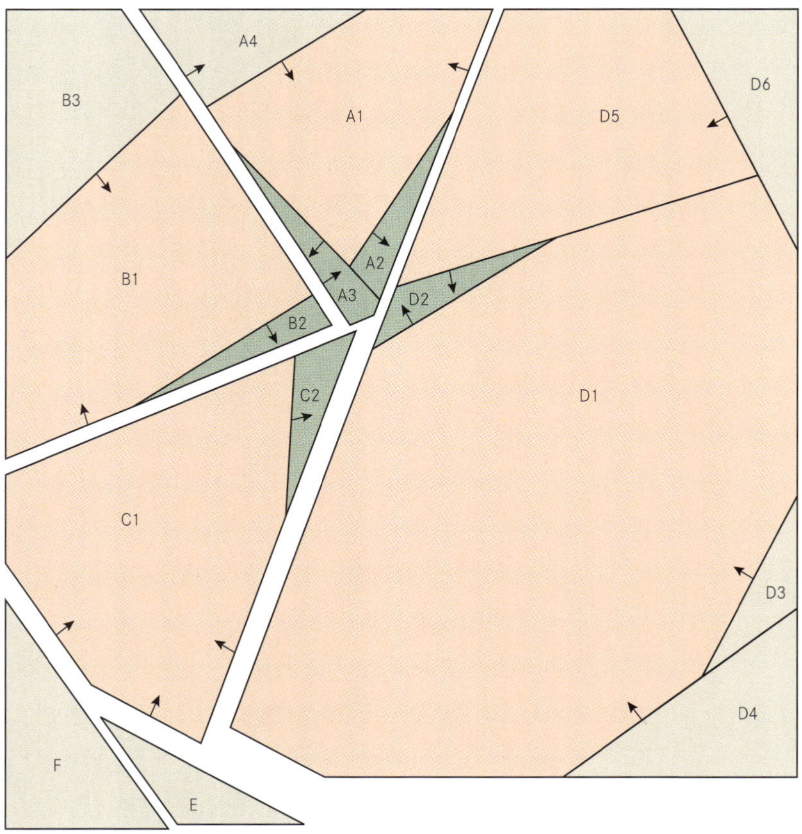

Tomate von oben gesehen, mit geraden Nähten, Nähschema

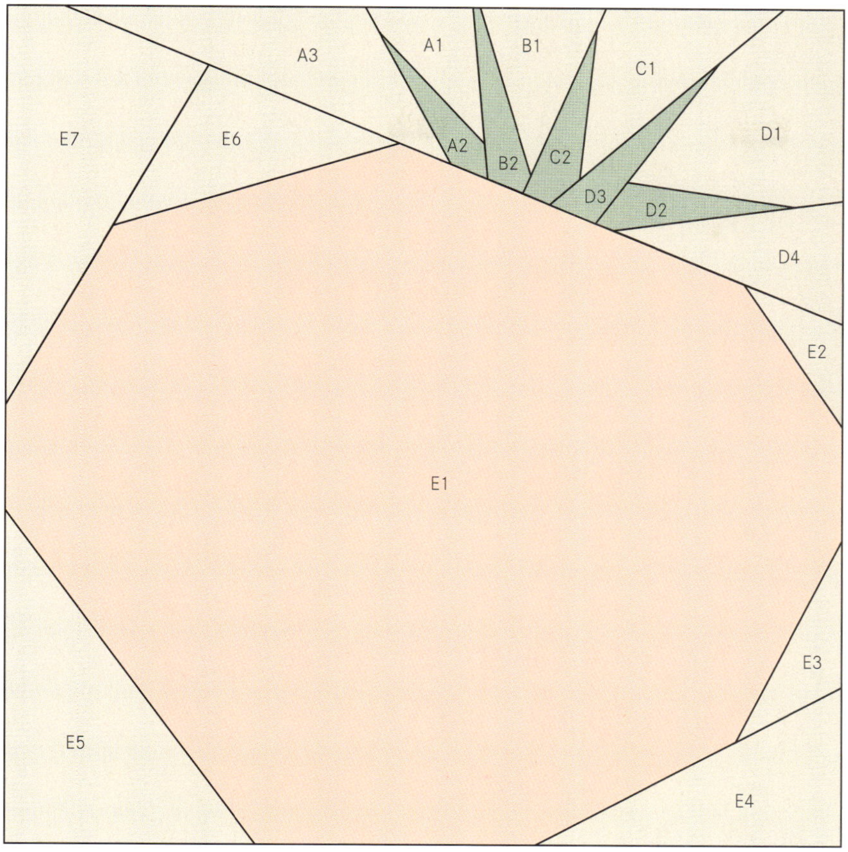

Tomate, Seitenansicht, mit geraden Nähten, Blockmuster. Vergrößern Sie die Vorlage auf 136 %, auf ein 15,2 x 15,2 cm/6 x 6 inch großes Quadrat, siehe Seite 9.

Die vorgeschlagene Größe ist die kleinste nähbare Größe. Leichter wird es mit stärkerer Vergrößerung. Plätten Sie die Nahtzugaben in Pfeilrichtung.

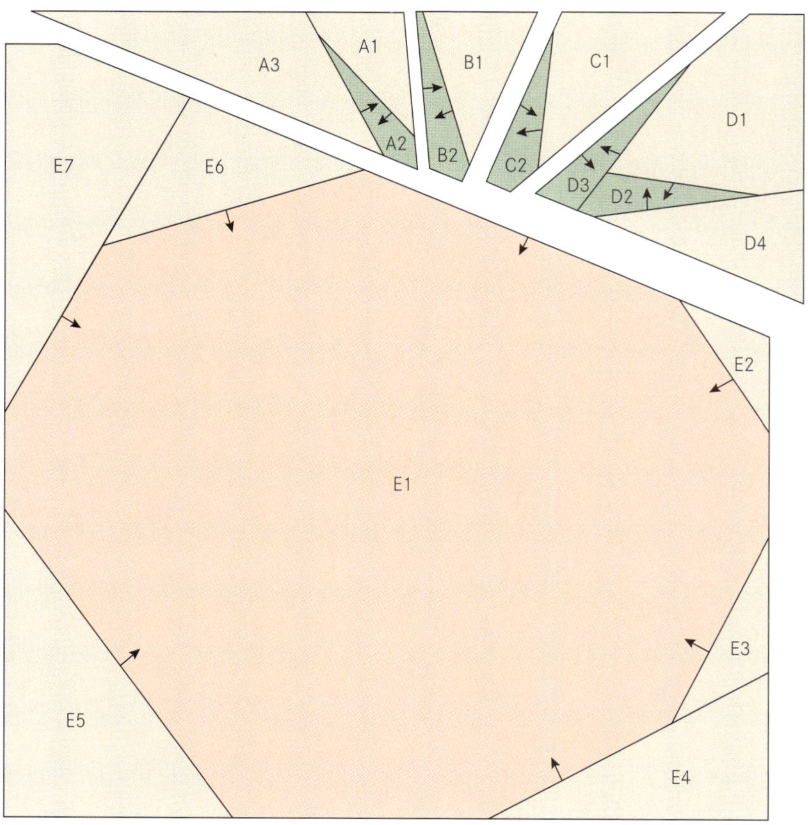

Tomate, Seitenansicht, mit geraden Nähten, Nähschema

Nähen:
A1 an A2 an A3
B1 an B2 an A
C1 an C2 an AB
D1 an D2 an D3 an D4 an ABC
E1 an E2 an E3 an E4 an E5 an E6 an E7 an ABCD

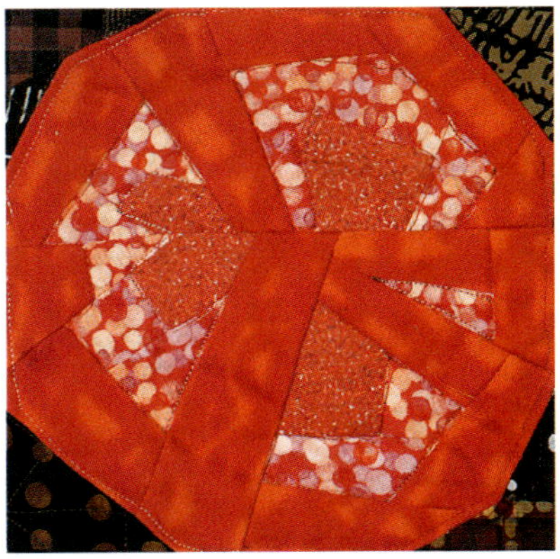

Die vorgeschlagene Größe ist die kleinste nähbare Größe. Leichter wird es mit stärkerer Vergrößerung. Plätten Sie die Nahtzugaben in Pfeilrichtung.

Finden Sie einen gepunkteten oder kleingemusterten Stoff für die Fruchtkammern (A2, A3, A4, B2, B3, B4, B5, C1, D2, D3, E2, E3, F1) und einfarbige Stoffe für den Rest der Tomate. Die Jagd nach dem perfekten Stoff ist schon die halbe Freude.

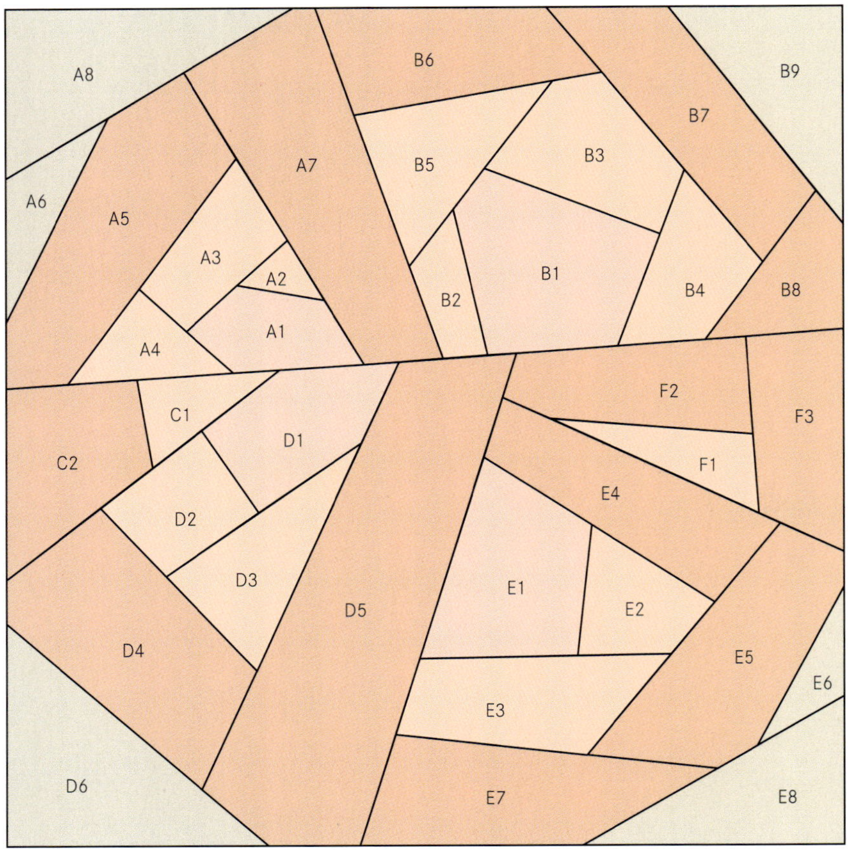

Tomatenscheibe mit geraden Nähten, Blockmuster. Vergrößern Sie die Vorlage auf 136 %, auf ein 15,2 x 15,2 cm/6 x 6 inch großes Quadrat, siehe Seite 9.

Nähen:
A1 an A2 an A3 an A4 an A5 an A6 an A7 an A8
B1 an B2 an B3 an B4 an B5 an B6 an B7 an B8 an B9 an A
C1 an C2
D1 an D2 an D3 an D4 an D5 an D6 an C
E1 an E2 an E3 an E4 an E5 an E6 an E7 an E8
F1 an F2 an F3 an E an CD an AB

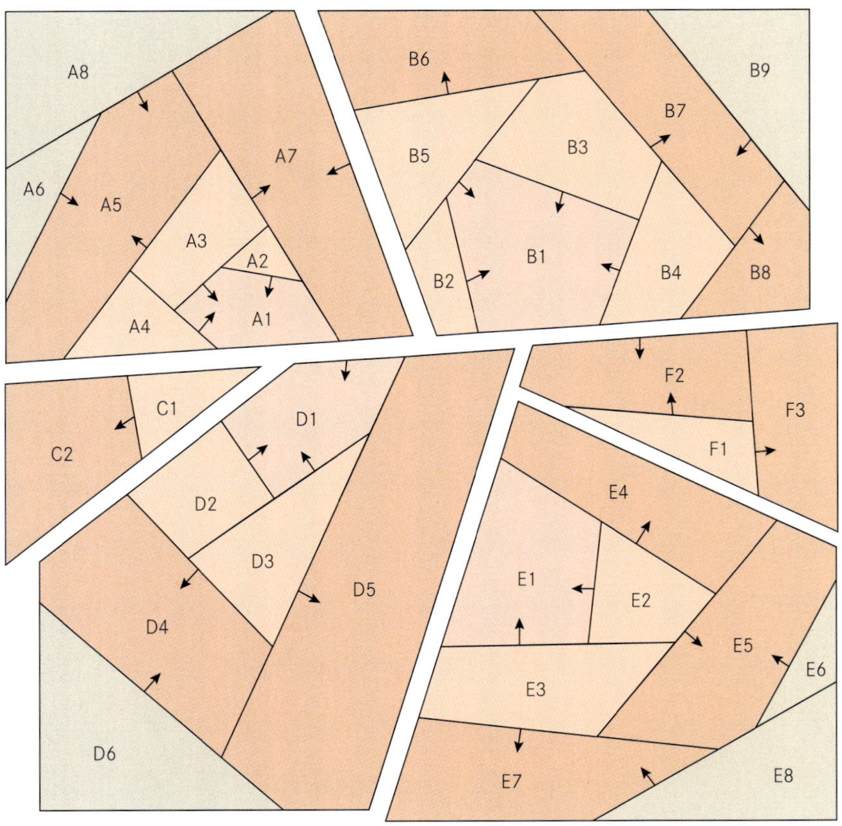

Tomatenscheibe mit geraden Nähten, Nähschema

Kurvennähte

Tomate mit Kurvennähten

Noch ein Tomatenpärchen, diesmal mit Kurvennähten. Die Kelchblätter (kleine grüne Blätter oben an der Tomate) können Sie auf die gewohnte Art mit Schablonen nähen, mit der „Klappen und Nähen“-Methode, oder als Patten, siehe Seite 122.

Tomate von oben gesehen

Tomate, Seitenansicht mit Glanzlicht

Tomate von oben gesehen mit Kurvennähten, Entwürfe

Wie abwechslungsreich diese Entwürfe werden, wenn für den Hintergrund der Blöcke unterschiedliche Stoffe eingesetzt werden.

Tomate von oben und in Seitenansicht mit Kurvennähten, Entwurf

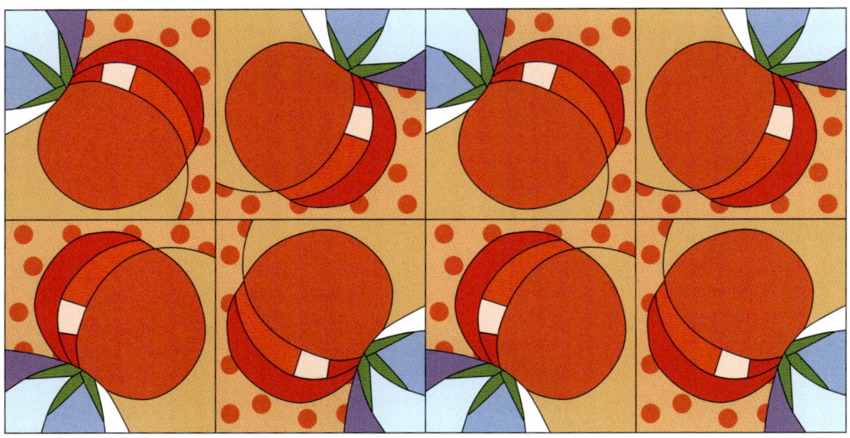

Tomate von oben und in Seitenansicht mit Kurvennähten, Entwürfe

Der Charme unterschiedlicher Stoffe in den Hintergründen der Blöcke wird in diesen Beispielen ganz deutlich. Ich habe mir Mühe gegeben, die Tomaten nicht mit zu kräftigen Farben zu erschlagen. Bei einigen Quilts wird zusätzlich zum Original das Muster auch spiegelbildlich eingesetzt.

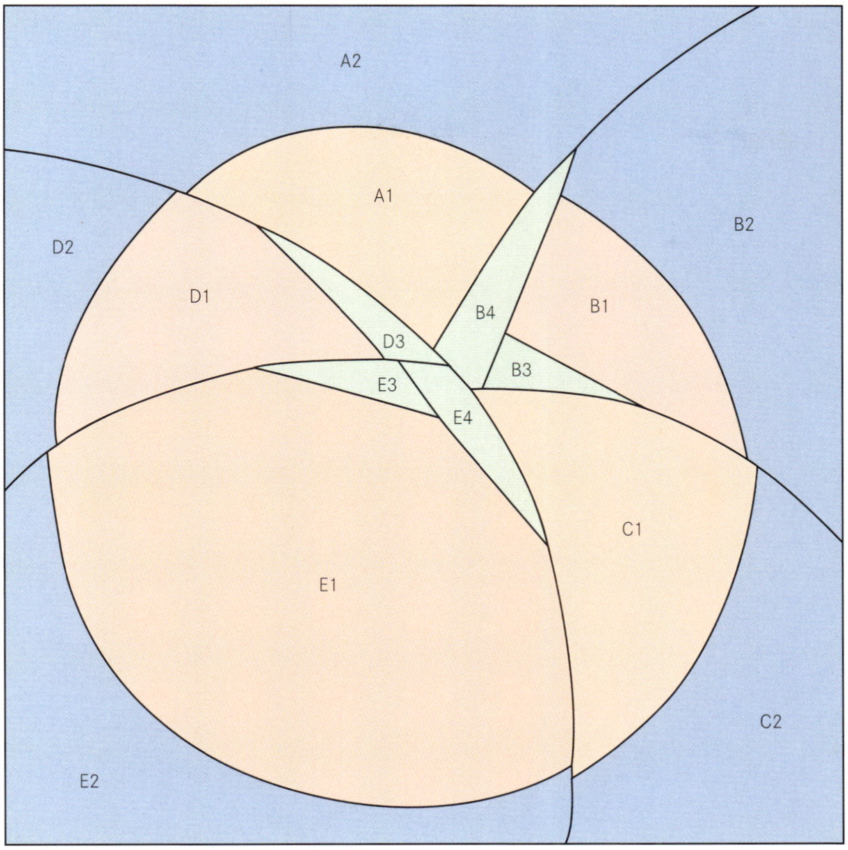

Tomate von oben gesehen mit Kurvennähten, Blockmuster. Vergrößern Sie die Vorlage auf 182%, auf ein 20,3 x 20,3 cm/8 x 8 inch großes Quadrat, siehe Seite 9.

Die vorgeschlagene Größe ist die kleinste nähbare Größe. Leichter wird es mit stärkerer Vergrößerung. Plätten Sie die Nahtzugaben in Pfeilrichtung.

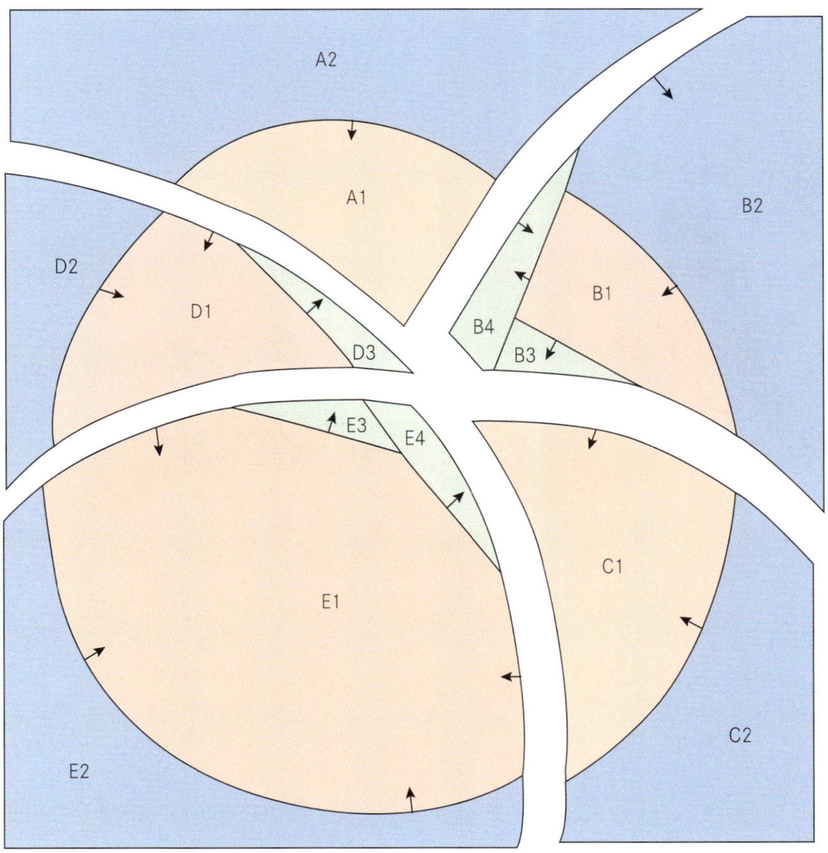

Tomate von oben gesehen mit Kurvennähten, Nähschema

Nähen:
A1 an A2
B1 an B2 an B3 an B4 an A
C1 an C2 an AB
D1 an D2 an D3
E1 an E2 an E3 an E4 an D an ABC

Kelchblätter als Patten

- Schneiden Sie die Teile B1, D1, E1 bis zur Mitte der Tomate zu.
- Übertragen Sie die Paßzeichen der Kelchblätter. Nähen Sie B1 an B2, D1 an D2, E1 an E2.
- Bereiten Sie gefaltete Stoffstreifen für die Kelchblätter vor.

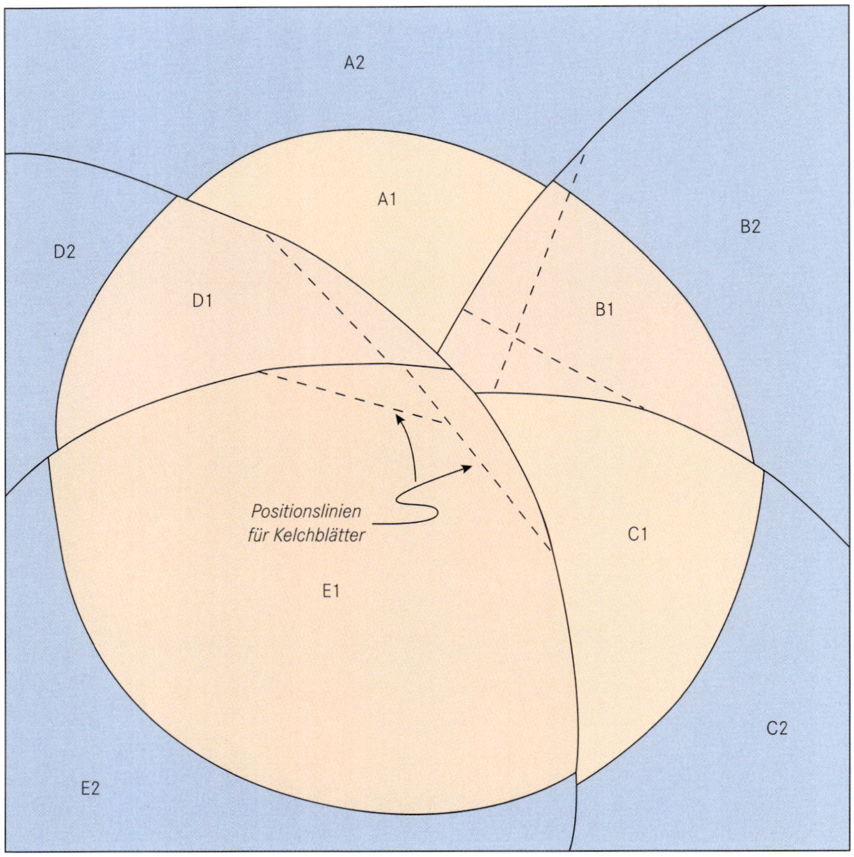

Tomate von oben gesehen mit Kurvennähten, Blockmuster mit Kelchblättern. Vergrößern Sie die Vorlage auf 182%, auf ein 20,3 x 20,3 cm/8 x 8 inch großes Quadrat, siehe Seite 9.

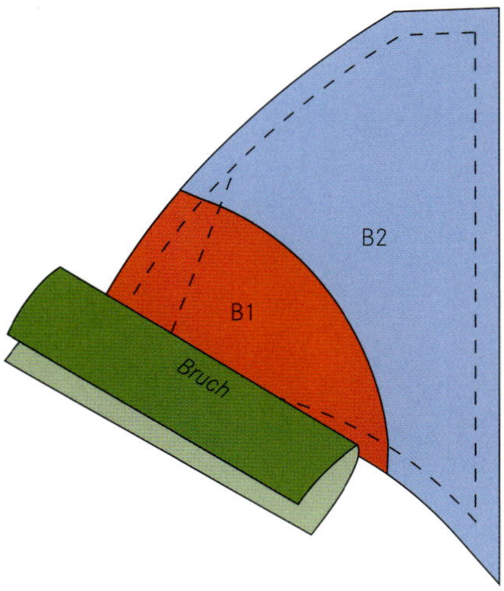

1. Den Bruch an die Positionslinie legen.

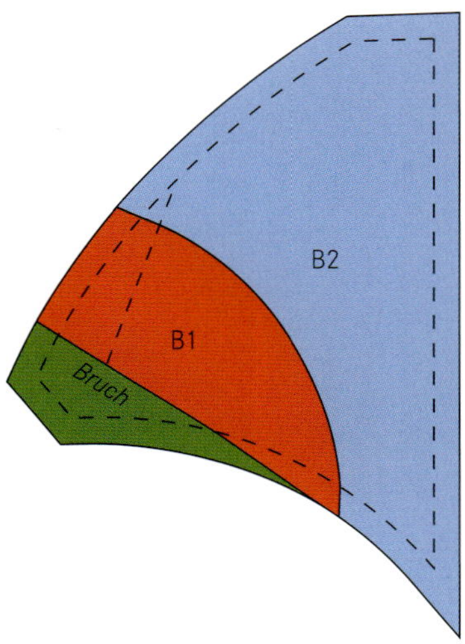

2. Kelchblatt bis auf die Schnittkante von B (1, 2) zurückschneiden.

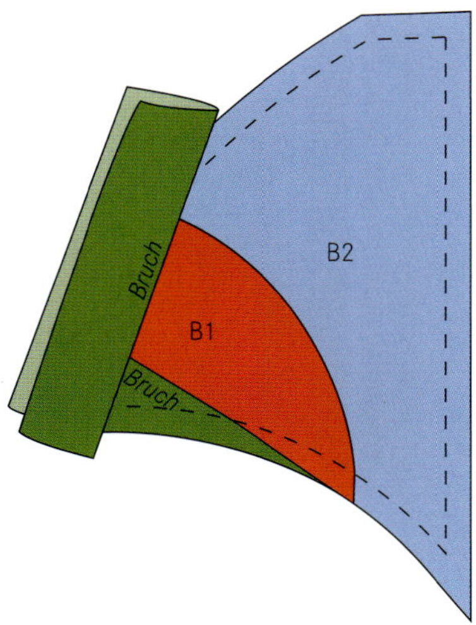

3. Den Bruch des zweiten Kelchblatts an die Positionslinie legen.

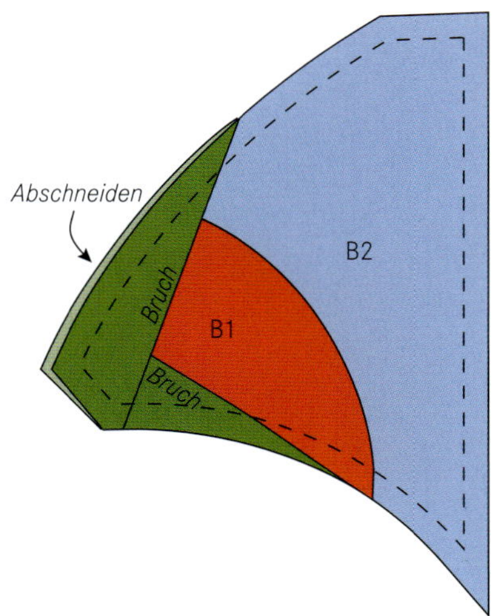

4. Das zweite Kelchblatt bis zur Schnittkante von B (1, 2) zurückschneiden.

5. Teil an A und an C nähen (die gebrochene Kante kann lose bleiben oder angenäht werden).

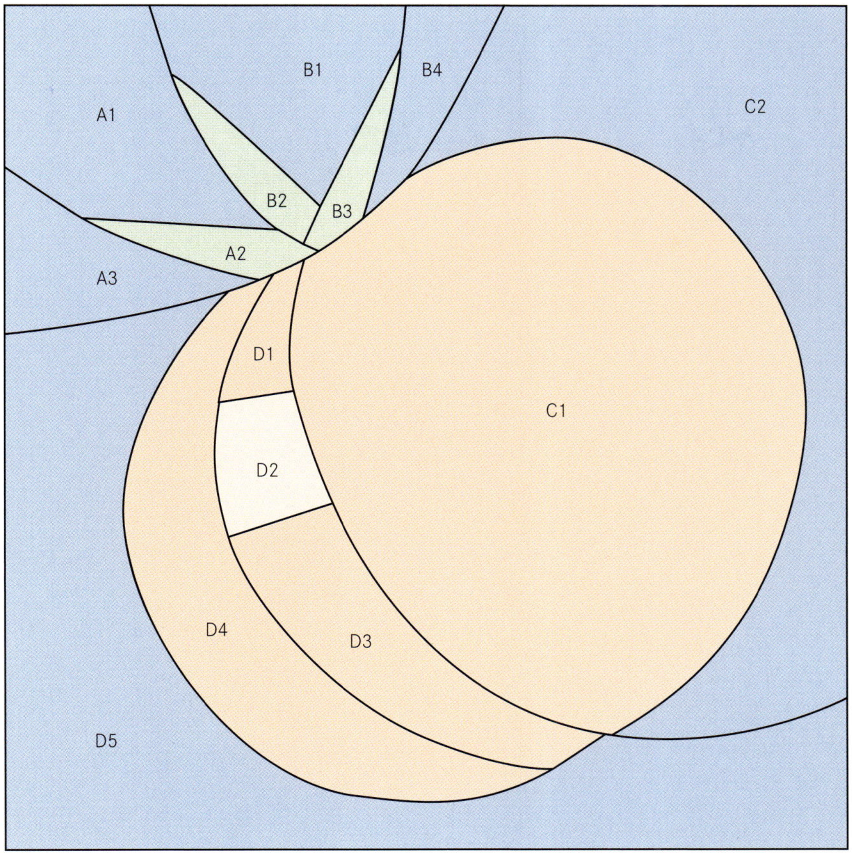

Tomate, Seitenansicht, Kurvennähte, Blockmuster. Vergrößern Sie die Vorlage auf 182%, auf ein 20,3 x 20,3 cm/8 x 8 inch großes Quadrat, siehe Seite 9.

Die vorgeschlagene Größe ist die kleinste nähbare Größe. Leichter wird es mit stärkerer Vergrößerung. Plätten Sie die Nahtzugaben in Pfeilrichtung.

Wenn Sie keinen Stoff für das Glanzlicht auf Ihrer Tomate finden, können Sie es mit dem Teilstück D2 in den Entwurf einfügen.

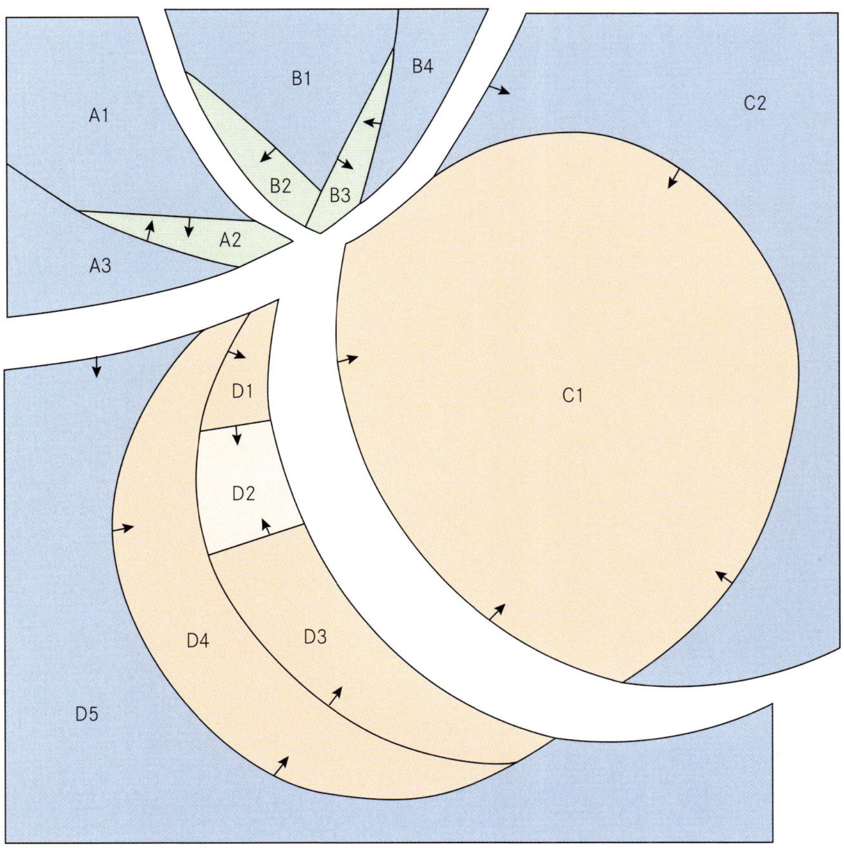

Tomate, Seitenansicht, Kurvennähte, Nähschema

Nähen:
A1 an A2 an A3
B1 an B2 an B3 an B4 an A
C1 an C2
D1 an D2 an D3 an D4 an D5 an C an AB

Italian Pepper
Tomato
Tomato
Potato
Corn

Sampler
Quilt

Gemüse-Sampler

Ich habe mich entschlossen, einen Sampler zu nähen, aus je einem Block dieses Buches, außer dem Chili-Block, der dreimal vorkommt. Alle Blöcke sind in der angegebenen kleinsten Größe genäht. Zuerst habe ich einen Zwischenstreifen an die linke Seite und die Unterkante von jedem Block angenäht. Das Fertigmaß beträgt 3,8 cm/1 ½ inch Länge (5,3 cm/2 inch breit zuschneiden).

Ich habe kleine Papierblöcke auf Rechenpapier so lange hin und her geschoben, bis dieses Layout entstand. Ich habe mich bemüht, die Farben ausgewogen über den Quilt zu verteilen und die Blöcke eng aneinander zu legen. Dann habe ich Rechtecke zwischen die Blöcke gefügt, wo es nötig war. Für dieses Layout mußte der untere Zwischenstreifen beim Zwiebelblock mit geraden Nähten schmaler zugeschnitten werden (2,5 cm/1 inch Fertigmaß).

Das Layout auf Rechenpapier hat mir bei der Berechnung der Rechtecke geholfen, die zum Ausfüllen der Fläche nötig sind. Die Maßangaben in der Zeichnung sind das Fertigmaß jedes Teilstücks. Addieren Sie jeweils 1,5 cm/½ inch Nahtzugabe.

Wenn ich einmal Zeit habe, werde ich auch all die übrigen Entwürfe nähen, die ich für die Gemüse gezeichnet habe.

Der Sampler ist zwar ein zauberhafter Quilt, wird aber den einzelnen Entwürfen nicht gerecht.

Jeder Entwurf in diesem Buch wurde nicht nur zur Darstellung einer Gemüsesorte erarbeitet, sondern sollte auch ein Design sein, das bei mehrfacher Wiederholung ein interessantes übergeordnetes Muster entstehen läßt. Die Entwürfe, die ich als Zeichnungen in jedem Kapitel vorstelle, sind nur einige von vielen möglichen Designs.

Ich hoffe, daß Sie Spaß mit diesem Gemüse haben werden. Alles Gute, und lassen Sie sich das Patchwork schmecken!

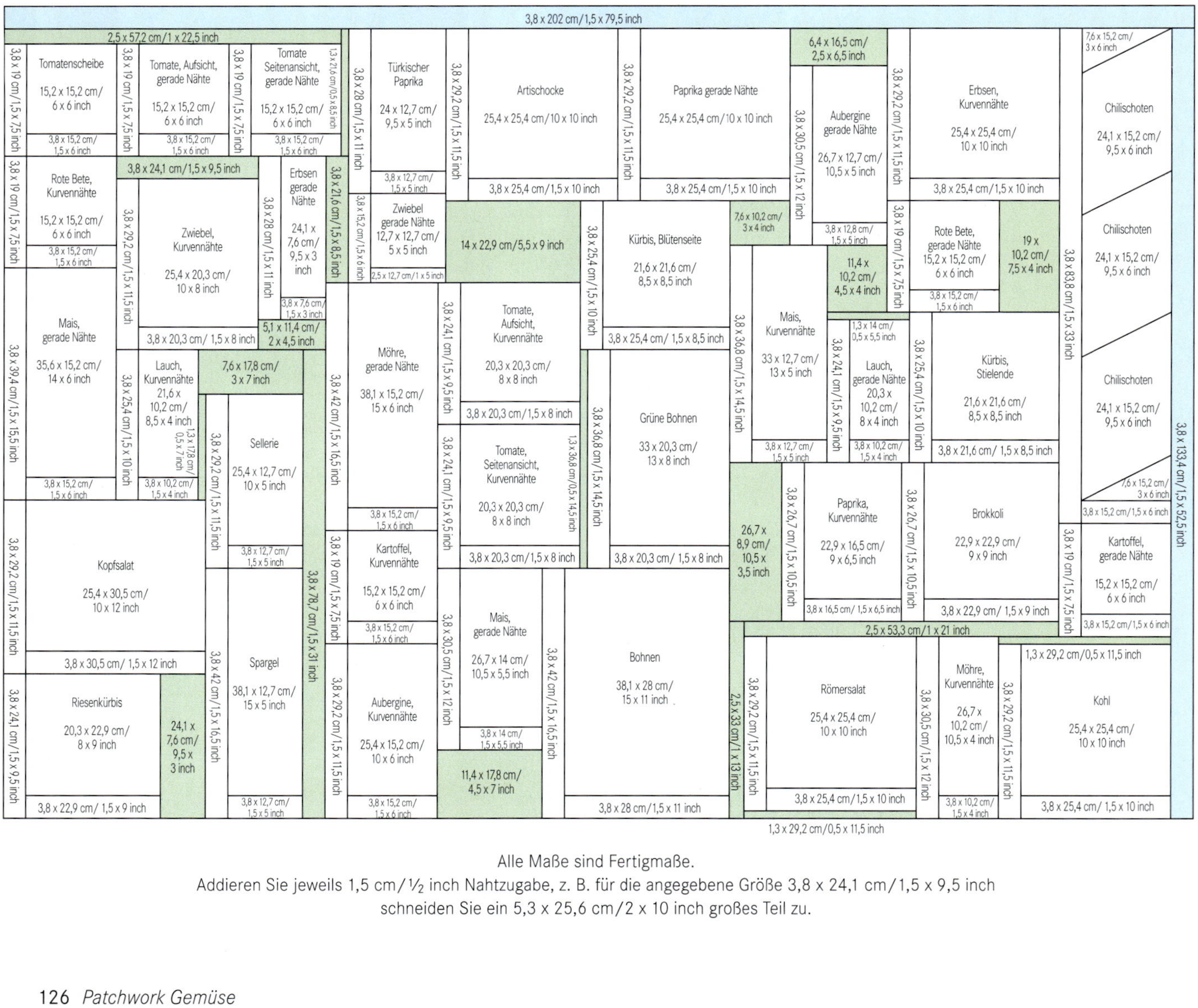

Alle Maße sind Fertigmaße.
Addieren Sie jeweils 1,5 cm/½ inch Nahtzugabe, z. B. für die angegebene Größe 3,8 x 24,1 cm/1,5 x 9,5 inch schneiden Sie ein 5,3 x 25,6 cm/2 x 10 inch großes Teil zu.

Zusammenfassung

Die Blöcke in diesem Buch sind nach Regeln gestaltet, die ich im Laufe der Jahre bei der Arbeit mit dem Medium Patchwork entwickelt habe. Eine ausführliche Behandlung dieses Themas finden Sie in meinem Buch *„Piecing: Expanding the Basics“* (auf deutsch „Patchwork Piecing“, Verlag Th. Schäfer). Das ist das Buch der Wahl, wenn Sie eigene Entwürfe gestalten wollen.

Das Layout der vielen kleinen Zeichnungen spiegelt meine Vorliebe für Symmetrie und symmetrische Muster wider, die ich in meinem Buch *„Symmetry: A Design System for Quilters“* ausführlich behandelt habe. Wer sich mit Symmetrie auskennt, wird darin Beispiele von P4-, PG-, P2GG-, P4MG-Symmetrien und anderen finden.

Die Gemüsesorten habe ich ausgewählt, weil ich sie mag. Außerdem stellen sie eine Sammlung von verschiedensten Formen, Oberflächenstrukturen und Farben dar. Hier habe ich sie in natürlichen Farben wiedergegeben. Selbstverständlich können Sie sich für jeden anderen lebhaften Farbton entscheiden.

Ich mag Stoffe unterschiedlichster Herkunft und bin in der Quiltszene dafür bekannt, ungewöhnliche Stoffe zu verarbeiten. Das sehen Sie an diesem Sampler. Mehr über die Verwendung ungewöhnlicher Stoffe finden Sie in meinem Buch: *„Art & Inspirations: Ruth B. McDowell“*.

Die Autorin

Ruth B. McDowell ist eine international bekannte Quiltkünstlerin. Sie gibt Kurse, hält Vorträge und schreibt Bücher. In den vergangenen zwanzig Jahren hat sie mehr als 300 Quilts genäht. Ihre Quilts waren in vielen Einzelausstellungen zu sehen und sind in zahlreichen Patchwork-Zeitschriften und Büchern abgebildet. Ruth lebt in Winchester, Massachusetts, USA.

Besuchen Sie ihre Website:
www.ruthbmcdowell.com

Index